慈善三人谈

蒋勋功 雷安青 张 弢 著

漓江出版社

图书在版编目（CIP）数据

慈善三人谈 / 蒋勋功，雷安青，张弢著. —桂林：

漓江出版社，2018. 7 (2023.3重印)

ISBN 978-7-5407-8456-0

Ⅰ. ①慈…　Ⅱ. ①蒋…　②雷…　③张…　Ⅲ. ①慈善事

业-中国-文集　Ⅳ. ①D632. 1-53

中国版本图书馆 CIP 数据核字（2018）第 137467 号

CISHAN SAN REN TAN

慈　善　三　人　谈

作　　者：蒋勋功　雷安青　张　弢
出 版 人：刘迪才
责任编辑：黄　圆
装帧设计：刘保华　刘　丹
出版发行：漓江出版社
社　　址：广西桂林市南环路 22 号
邮　　编：541002
发行电话：0773-2583322　0771-5824675
传　　真：0773-2582200　0771-5824817
印　　刷：三河市天润建兴印务有限公司
开　　本：787mm×1092mm　1/16
印　　张：13. 5
字　　数：200 千
版　　次：2018 年 8 月第 1 版
印　　次：2023 年 3 月第 3 次印刷
定　　价：48.00 元

目录

明善心

赞善行

辨善缘

修善果

扬善报

序言

我们仨，来一个《慈善三人谈》

安　青

我们仨，指的是新功（蒋勋功笔名）、张弢和我三个人。

事情的原委是这样的：为了加强对衡阳慈善事业的宣传力度，衡阳市慈善总会决定与《衡阳晚报》合办《慈善周刊》。任市慈善总会会长的新功先生力邀张弢和我一起来为这个周刊出些力，我俩当然欣然应允。我们仨相交多年，彼此声气相投，有事没事常在一起道古今人物、谈世相百态，不尽兴绝不罢休。《慈善周刊》创刊，我们三人相聚又有了一个如此绝佳的平台，岂不是猪八戒娶媳妇——美事一桩？

在考虑到版面内容时，我很自然地想到：此次办刊，何不在这个周刊开一个言论专栏，以便好好地为慈善鼓与呼？这样一来可以丰富和活跃报纸上的版面内容，二来正应了我们仨均有的舞文弄墨之喜好。有这么一个机会，我们何不好好抓住，一展身手献爱心？

先说说新功。新功先生系中国作家协会会员。此前，他在公务之余，竟然先后出版了《衙斋卧听》《花儿不只为春开》《玉笛谁家听落梅》等九本随笔、杂文集，可谓洋洋大观，羡煞人也！

再说说张弢。张弢先生虽长期供职于商界，但在衡阳写作界，其名气也是众所周知。前不久，他出版了一本《香江涛声》，反响甚为不错。

最后说说我自己。说句实在话，我才疏学浅，资质平平，平生无他爱好，独喜读书写作。虽写不出珠玑文字，但因长期供职于报社，在晚报曾开设了个人言论专栏，名曰《茶楼闲谈》。这个专栏断断续续开了十余年，久而久之，人们也熟识我的名字。有人在衡阳市开发区以我的名字开了一个茶楼，据说生意甚是不错。这个虽不能证明什么，至少可以说明，我也算是一个能写点东西的人了。

我们三人，经历不同，性格各异，但都有浓浓的家国情怀，愿意用文字为我们这个国家、为我们这座城市的慈善事业传递应有的正能量，从而让我们这座城市更多的人了解慈善、热爱慈善、支持慈善、参与慈善。当我把这个开言论专栏的想法跟新功、张弢二位陈述时，他们均在电话那头抚掌大叫：好！好！好！

至于栏目的名称，因为凤凰卫视有一个名牌谈话节目叫《锵锵三人行》，我们受其启发，就叫作《慈善三人谈》吧。

好了，我的这些文字，就算是这个栏目的开场白，接下来就看新功、张弢二位的了。

明善心

从心灵自然散发芬芳

新　功

寒冬数九，天总是冷的。而中央电视台《新闻联播》中播出的一条消息却是那么温暖人心。说的是北戴河的海边，寒风呼啸，海水冷得刺骨。一个穿着黄色连衣裙的女子下了海，而且越走越远，海水很快就要将她淹没。正在海边嬉戏的大学生看见了这一幕，有几个人连衣都来不及脱就跳下海准备援救，接着先后有23个大学生下了海。他们手牵手在黄衣女子前面围起了一道屏障，保护她不让海浪卷走。几个力气大的人轮流背扶，把黄衣女子救上了岸。有人立即脱下自己身上的羽绒服为她披上。过了一会儿，这女子竟径自离去，而参加救人的大学生有几个严重感冒，有几台手机因为进水而报废。

故事并没有到此结束，这个神秘的黄衣女子是谁呢？为什么要跳海？为什么被人救了以后不辞而别？这是人们迫切想要了解的。一调查，周边却有人说话了：这个女人这样做已经不是第一次，下了海，自己会走上岸来。可能是什么行为艺术，也可能是精神上有问题。

弄清楚这些情况后，问题就来了，这个女人该不该救，大学生是不是救错了，值不值？

记者采访不回避这个问题，大学生回答：当时救人要紧，没有什么该不该，值不值的。

这一幕，无疑是冬日暖阳。

如人所说，这个黄衣女子可能不是寻死，自己会上岸，根本无须去救，救是自作多情。但是想过没有，假如是另外一个人呢？是真的跳海自杀，无人援手，那将会是一种什么样的结果？岂不是看着活生生的一条人命在面前消失？

两难选择，好生尴尬。

最近，有人对乞丐“行业”做了调查。乞丐行乞，招数五花八门。在北京地铁站，乞丐用 iPhone（苹果手机）拍照留念。浙江温岭石关镇，有一个“瘫痪”的乞丐，唱着凄哀的歌曲，以四轮滑板代步，双手支撑沿街行乞，而卸去伪装后与常人无异。重庆沙坪坝三峡广场，有 4 名外地人在讨路费，有人发现他们是从南昌乘飞机过来行乞攒“过年费”的，其中一人用 iPhone 6 Plus 手机。重庆 4 位乞讨者，农闲相邀出门以此赚外快。还有人将乞讨“职业化”，骗来身体健康的小孩，用各种方式使其身残，作为乞讨的工具使用。

这样做，当然是利用人们的同情心，个中内幕，也有人清楚，钱出得有时不痛快。而如果一概拒绝，那当中真正的乞丐从哪里得到救助？

南京有个叫彭宇的人，看见一个老太太摔倒，赶紧扶起并送进医院救治。老太太家人却认为是他撞倒的，不感谢反而索要巨额赔偿，他理所当然地拒绝，结果被送上法庭。这善意的一扶，却惹来无尽麻烦，虔诚的心无法唤醒老太太家人的良知。谁来烘干彭宇那颗潮湿的心？

猎人追杀一匹狼，被东郭先生相救，后来狼反过来要吃东郭先生，如果不是农夫及时出手，东郭先生险些被他所救助的狼吃掉，于是东郭先生总是被人嘲笑。

于是，献爱心的倡议被拒绝就容易找到理由。

珠海有个小姑娘叫小悦悦，被车轧伤，躺在冰凉的地上，那凄惨的哀叫却无法留住十几个行人的脚步。

有一个老人是真正摔倒，路人视而不见，耽误了救治时间而命丧黄泉。

有些单位，有些人拒绝参加一切慈善活动。

卢梭说：“同情是一种先于一切理性思考而存在的纯粹自然的感动。

它威力巨大，以至于连最败坏的道德风俗也毁不了它。人们所能具有的一切行为美德正是从同情这种性质中产生出来的。”

是的，我们可以批评那黄衣女子行为不当，可以谴责那些以假乞丐身份发财的人行为不端，可以声讨那些不知恩图报行径的不义，但是，拿别人的恶劣行径作为自己不再同情的理由，我总觉得是如此苍白无力。

一个人真正具有“同情心”，就可能不会因为“黄衣女子”的不当不去救人，不会因为乞丐有假不去行善，不会因为帮人上当吃亏不去帮人，不会因为狼要吃人不去施救。因为，那是别人的事，慈不慈善却是我的事。

如果“同情”，就会自觉接纳慈善。在这个举目皆是陌生人的社会，如果让慈善成为自己行为的一部分，就不会权衡得失，反复掂量是否该去做慈善，计较着，提防着，小心翼翼，战战兢兢。

救黄衣女子的大学生没有半点后悔，做了当时该做的。

一个孕妇摔倒在地，无人敢扶。一个开豪车的女子看到了，毫不犹豫地下车施救。在救护车来到之前，她跪在地上让孕妇把头靠在她膝上，一边安慰，一边抚摸，让孕妇静下心来，终于保住了胎。

正是有人忘却了计较，心无旁骛，世间才演绎着一个个感人至深的故事。

从心灵里自然散发的芬芳，体现在举手投足之间。

善心，不应该被嘲笑

张　弢

提到慈善，我便会很自然地想起东郭先生与狼的故事，以及农夫与蛇的寓言。那是小学时期读到的课文，当时阶级斗争是中国社会的主旋律，可以说这两个故事影响了至少两代人的慈善观。于是，在我们心目中，东郭先生和农夫就成了迂腐和愚蠢的代名词，成了被嘲笑的对象。以至于直到今天，这个社会还在讨论，如果老人在街头摔倒了，该不该去扶一把？更悲剧的是，居然相当多的人选择了“不能扶”。为什么？不想做东郭先生和农夫！

其实，东郭先生和农夫何错之有？他们不过怀有一颗慈悲的善心而已。在他人遭遇困境和危险的时刻，不假思索、不计后果地伸出援手。按《中山狼传》描述，东郭先生是墨子“兼爱”论的信奉者。什么叫“兼爱”？就是首先爱自己，同时也爱他人，所谓“老吾老以及人之老，幼吾幼以及人之幼”，这原本就是中华民族千百年来倡导的传统美德呀！所以他明明知道，求助的是一只会吃人的狼，但在他的心中，它仍是一条受了伤需要救助的生命。“脱（即使）有祸，固所不辞也！”说明他清醒得很。至于《伊索寓言》里的农夫，不正是史上最早的动物保护主义者吗？即便在当今，为保护野生动物而献出生命的人也大有人在，如藏羚羊卫士索南达杰、扎巴多杰，如仙鹤姑娘徐秀娟，如大熊猫守护者曾周，等等。难道他们应该受指责，被嘲笑？再说了，一位老人昏倒在街头，生命垂危，莫非我们还得先去调查了解一番，他是好人还是坏人？是不是知恩图报？会不会恩将仇报？那才是真正的迂腐。讨论扶与不扶，这本身就是一种道德缺失、善心泯灭的社会悲哀！

写到这儿，记起了一则真实的故事：在一次联合国前秘书长安南举行的慈善晚宴上，“大佬”云集。一位手捧储钱罐的小姑娘，因没有请柬而被门卫拒之门外。小姑娘不解地问：“叔叔，慈善的不是钱，是心，对吗?”幸亏巴菲特经过，将小姑娘带入场，晚宴的主题也更改为“慈善的不是钱，是心”。小姑娘成为现场最受欢迎的主角，因为她一语道出了慈善的真谛！

善心，源自一种不计得失的利他主义，是一种不图回报的奉献，是人世间最美好的情怀。因此，我在想，也许什么时候，东郭先生不再被嘲笑，农夫能受到敬重了，我们所处的这个社会才能够出现见贤思齐、从善如流的新气象。

我绝不会做“东郭先生”

安　青

张弢先生与我相知相交多年，其人豪爽仗义，其文也意气飞扬。因此，应新功先生之邀，我与他一起加盟了这个《慈善三人谈》专栏。但我读了他发表的《善心，不应该被嘲笑》一文后，心里很不以为然。我之所以不以为然，是因为他为了弘扬善心，竟然为“东郭先生”和“农夫”二位唱起了赞歌！

他在文中这样写道：“提到慈善，我便会很自然地想起东郭先生与狼的故事，以及农夫与蛇的寓言。那是小学时期读到的课文，当时阶级斗争是中国社会的主旋律，可以说这两个故事影响了至少两代人的慈善观。于是，在我们心目中，东郭先生和农夫就成了迂腐和愚蠢的代名词，成了被嘲笑的对象。以至于直到今天，这个社会还在讨论，如果老人在街头摔倒了，该不该去扶一把？更悲剧的是，居然相当多的人选择了‘不能扶’。为什么？不想做东郭先生和农夫！”

他接着写道：“其实，东郭先生和农夫何错之有？他们不过怀有一颗慈悲的善心而已。在他人遭遇困境和危险的时刻，不假思索、不计后果地伸出援手。……所以他明明知道，求助的是一只会吃人的狼，但在他的心中，它仍是一条受了伤需要救助的生命。……至于《伊索寓言》里的农夫，不正是史上最早的动物保护主义者吗？”

读到上述这些文字，我不禁目瞪口呆。千百年来一直受到人们嘲笑的东郭先生与农夫，在张弢的笔下，竟成了被讴歌的对象，这岂非咄咄怪事？这个黑白也太颠倒了吧！

诚然，在善心缺失的今天，我们应该呼唤善心、呵护善心，并普施善心。但如果不分青红皂白地乱施善心，那绝对是过犹不及，最终造成对善心的极度伤害。狼与蛇，本来就是对人类极具攻击性的动物，如果不讲方式方法地去施救，肯定会伤及自身。这个连三岁小孩都懂的常识，为人老到且才华满腹的张弢先生居然不懂，岂不让人笑掉大牙？当年的作者之所以要创作《东郭先生与狼》《农夫与蛇》这两则故事，其本意就是提醒人们：要分清是非，要辨明善恶，不要像东郭先生与农夫那样愚蠢而迂腐。如果这两位作者泉下有知，并读到张弢先生的上述文字，一定会仰天大叫：非也！非也！

当年以阶级斗争为纲，中小学课本里收录了这两则寓言，其用意是鼓动人们对于阶级敌人不要像东郭先生与农夫那样慈悲，这当然是错误的。在拨乱反正的今天，我们绝不能因为这种错误就要为东郭先生与农夫正名，甚至号召人们去效法。如果是这样，那就从一个极端走向另一个极端了。

当今社会，确乎像张弢先生所言，道德滑坡，善心缺失。何以如此？这其中有着复杂而深刻的社会原因：比如说公平正义不彰，比如说纲纪松弛，等等。而绝不是张弢所说的，是我们没有正确看待东郭先生与农夫的“善心”。在我看来，今天之所以出现种种社会乱象，其中一个很重要的因素，就是相当一部分人不明是非、不辨善恶，一句话，是善良而愚昧的东郭先生、农夫太多了。

随着社会文明的演进，今天很多人已经不屑与东郭先生、农夫为伍了。他们更倾向于做一个明智而理性的善良人。如果是抢救动物，他们更愿意去抢救仙鹤、大熊猫之类，即使是抢救狼与蛇，他们也决不会像东郭先生与农夫那样愚昧，而会在不伤及自身的前提下将它们抢救过来。

张弢先生的这篇文章的标题为：《善心，不应该被嘲笑》。恕我直言，他这个文章的标题像东郭先生与农夫一样善良，但却也像东郭先生与农夫一样愚昧而迂腐。我们呼唤“善心”，但我们更期待“善果”。问题是，有了“善心”就一定有“善果”吗？有些“善心”甚至因为不顾及客观现实条件而酿成弥天大祸，这样的悲剧还少吗？如果是这样，这样的“善心”为什么不应该被嘲笑？嘲笑就是讥讽式的批评。当今世界，所有的理论、学说和主张都遭受过质疑和批评，为什么一些人的“善心”就不应该批评？

诚然，在当今世界，善心是可贵的，但仅仅有了善心，是远远不够的。如果以为仅凭人们的善心就能改变世界，这绝对是迂阔之论。

尽管张弢先生是我多年的至交，尽管他煞费苦心地呼唤人们学习东郭先生与农夫，这一回我绝不会上他的当。他要做东郭先生与农夫，那是他的自由，而我，是绝不会去做东郭先生与农夫的！

除非在某一天，我突然患了脑膜炎。

向安青先生和东郭先生致敬

张　弢

安青先生抬杠了，那就侃侃他。

拙文《善心，不应该被嘲笑》刊发后，最早的反对声音，便是来自安青。当天就给我发来短信，说是有的善心可以被嘲笑。随后又写出《我绝不会做“东郭先生”》一文，声称要将我批得体无完肤。

这让我深感意外，意外的不是安青反对我，而是他怎么能自己否定自己呢？因为在我心目中，安青先生与东郭先生，原本就是一类人。

我与安青结交，已经超过30年，可谓日久。之所以能交往这么久，一个重要因素就是安青是一个有爱心，待人以真、与人为善、成人之美的谦谦君子。这里略举几例：陈群洲先生写了一首爱情诗《西瓜》，安青喜欢之至，视同己出，常常在与人聚会时，忘情地吟诵此诗，弄得这首《西瓜》就像“脑白金”广告一样，路人皆知。盛明明先生在“石鼓大讲坛”开讲《大雁文化》，他前后张罗，上下呼应，左右拉扯，还写了一篇长长的推介文章《衡阳出了个盛明明》，就差没用上“东方红，太阳升”的比兴句了。还有，他在《衡阳晚报》开设《安青茶楼》专栏，写了不少“夸夸其谈”的文章，夸了这个夸那个，夸完男人夸女人，一个劲地替他人吹喇叭做嫁衣。以至于好友林乐伦先生评价：“安青如果说谁谁谁好，这个人不一定真好；但是，安青要是说谁谁谁坏，这个人就一定很坏。”记得那段时期，不少当老板的、打广告的、做项目的、想提拔的、有冤屈的，纷纷来找安青套近乎，就想要他在《安青茶楼》里写篇文章。幸亏此公商业头脑不太灵光，才没因此坏了名声。

不过，且慢嘚瑟，安青也有大烦恼。在报社工作几十年，当记者当编辑当总编，帮助过不少人，也得罪了不少人。比如他利用手中的发稿权，扶持了很多文学青年，拥有一大群“粉丝”，但也有不买账的。我就知道有一位青年作者，与他交往多年，却不知为何反目成仇了，对方几番上门挑战，要与他“决斗”呢。还有文章写多了，言多必失，无意中就触犯了某个人，或者某一群体，招致没完没了的怨恨和报复，让他灰头土脸得百思不解，满腹委屈：我这不是一番好心吗？告诉你吧，这就是善心没有被理解，反而被嘲笑的结果！安青是个读书人，和东郭先生一样，也难免有钻进书袋出不来的一阵子。他的那句“绝不会做东郭先生”的宣言，不过是一种愤怒情绪的宣泄而已。恩格斯说过：“愤怒出诗人。”安青，你就安心去写诗吧。

为写这篇文章，又看了一遍《中山狼传》。虽然作者也批评了东郭先生的“仁陷于愚”，但全文主旨是鞭挞中山狼恩将仇报的恶行，是传扬“恶有恶报，善有善报”的伦理信念。你看，最后，农夫出现了，设计将恶狼绳之于袋，而东郭先生终于安然无恙。农夫是谁？说实一点，是好人；说虚一点，是民心；说玄一点，是天意。好人助善，民心向善，天意扶善，这才是善恶有报的社会人文基础呀！诚然，有善心，不一定就能有善行；有善行，也许一时不会有善果。但是，没有善心，就肯定不会有善行，也绝对不会有善果。由此，我更加坚定地认为：善心，只应该受到呵护，而不应该遭到嘲笑。

有感如此，我得起立，稍息，立正——

向安青先生和东郭先生致敬！

“憎是愚氓犹可训”

安　青

对于我和张弢先生之间的争论，我是欲罢不能了。因为这场争论已引起了方方面面的关注。

针对张弢先生《善心，不应该被嘲笑》一文（载《衡阳晚报》2014年11月27日），我于12月11日的《衡阳晚报》发表了《我绝不会做“东郭先生”》一文，对他的观点进行了驳斥。我的观点是：善心诚然是可贵的，但有些善心比如东郭先生与农夫之流的善心则是愚昧而迂腐的，应该受到嘲笑。我这个观点当然可以争论，但争论应当遵守规矩，那就是必须围绕我的论点，不能“转移话题”。遗憾的是，张弢先生就犯了“转移话题”的毛病。他于12月18日的《衡阳晚报》发表了《向安青先生和东郭先生致敬》一文。在这篇文章中，他罗列了一大堆似是而非抑或是道听途说的事例，并以插科打诨的笔调，论证我本人就是一个地地道道的“东郭先生”。文章结尾处，他以自认为幽默的笔调写道：“我得起立，稍息，立正——向安青先生和东郭先生致敬！”

张弢先生的文章有文采，所以读来颇感痛快。痛快归痛快，但仔细一想：你驳倒我了吗？你张弢认为东郭先生的善心不应该被嘲笑，但你为什么要对像东郭先生一样“善良”的安青大加嘲笑呢？

且看他在文章中对我是如何嘲笑的：“（安青）在《衡阳晚报》开设《安青茶楼》专栏，写了不少‘夸夸其谈’的文章，夸了这个夸那个，夸完男人夸女人，一个劲地替他人吹喇叭做嫁衣，以至于好友林乐伦先生评价：‘安青如果说谁谁谁好，这个人不一定真好；但是，安青要是说谁谁谁坏，这个人就一定很坏。’”

你看，在张弢先生的笔下，我是一副怎样令人讨厌的嘴脸：四处讨好，八方邀宠，满嘴假话，简直就是一个没有一点骨气和血性的家伙！

当然，对于张弢先生的嘲笑，我一点也不介意。他这个人，我太了解了。平常，他就图个嘴巴快活，对我极尽嘲笑和攻击之能事，要是有美女在场，他对我更是肆无忌惮地嘲弄。我对他不介意，还有很重要的一点，那就是我对自己有一个清醒的认知，无论是我本人，还是我的文章，还是有文人应有的骨气和底线的。多年来，我一直以季羡林先生的一句话作为自己的座右铭，即：“真话不全讲，假话全不讲”。正因为如此，即使我如今已退出“江湖”，依然有很多人对我当年的文章表示由衷的好感。话又说回来，如果我真如张弢所言是一个不折不扣的“东郭先生”，不但他可以嘲笑我，所有的衡阳人都应该嘲笑我。只是这样一来，张弢的所谓“善心不应该被嘲笑”的观点，不是不攻自破了吗？

在论证了“安青就是一个东郭先生”之后，张弢马上底气十足。他以《中山狼传》为由，自信地写道：“（善良的农夫）说实一点，是好人；说虚一点，是民心；说玄一点，是天意。好人助善，民心向善，天意扶善，这才是善恶有报的社会人文基础呀！”我想，张弢先生写到这里时，一定是血脉贲张、气冲牛斗。他以为，只要将“善心”贴上“民心”“天意”的标签，“善心”马上就神圣化了。言下之意：谁要是嘲笑善心，谁就是违背民心、悖逆天意。

这是多吓人的大帽子啊！

我还是那句话，张弢先生像东郭先生一样善良，但也像东郭先生一样愚昧。你说善心是“民心”，“民心”就一定是对的吗？当年的德国人对犹太人的那种极端民族主义情绪导致了多大的人道灾难？日本右翼团体至今仍存的对外扩张心态难道不值得我们高度警惕？你说善心是“天意”，“天意”就一定是好的吗？千百年来，中国人受苦受难时常常怒骂：老天你瞎了眼啊！

“善有善报，恶有恶报”，这确实是社会赖以正常运行的人文基础，所以它也是人类千百年来的共同的美好愿景。要达成真正的“善恶有报”，最终靠的是民主与法治的完善，而不仅仅靠道德的呼唤。

写到这里，我不由想起了《西游记》中唐僧师徒西天取经的故事。唐僧无疑是善良的，但他同时又是愚昧而迂腐的。所以我们伟大领袖毛主席曾专门赋诗对其予以无情的批评：“僧是愚氓犹可训，妖为鬼蜮必成灾。”我想，在如何对待善心这个问题上，我和他老人家的观点是高度一致的。

其实，真正的善心是不怕嘲笑的。无论在历史上还是在现实中，善心作为人性中的良知，经常受到嘲笑甚至残酷打压，但它犹如夜空中的星星，愈是黑暗，它便愈加闪烁出持久而耀眼的光芒！

千万别把毛驴扛着走

张　弢

安青路见不平，老夫拔笔相助。

然而，拔笔四顾心茫然：对手在哪儿？谁在说我们“作秀”？我们招惹谁啦？正待忿忿不平时，忽然有个苍老的声音穿越时空贯入耳朵：“洗洗睡吧。你的对手，在你心中！”

啊？好像是王阳明老先生啊。最近正在读他的《传习录》，不免会有些心灵上的对话，于是赶紧俯首称谢，回家闭门思过。

由此而记起鲁迅先生讲过的一则苦涩的故事：有一对父子，赶着一头毛驴在行路。父亲让儿子骑上毛驴，自己跟在后面。于是有路人指责：这儿子不孝，哪有自己图舒适，却让老人走路的？儿子一听有理，赶紧下来，请父亲骑上毛驴，自己在前面牵着。不久又有路人批评：这父亲不慈，竟然让小孩遭罪，自己享受！父亲不好意思了，连忙让儿子也骑上毛驴。可是路人愤怒了：太不像话了！怎么能两人骑一头驴，这不是残害动物吗？无奈，父子两人只好都下来，跟着毛驴走。不料又引来路人嘲讽：这两个大傻瓜，居然有毛驴都不骑！悲苦至此，父亲不禁仰天长叹：儿子啊，看来我俩只有扛着毛驴走了！

这则故事的结局如何？鲁迅没有说。假设他们真的扛着毛驴走，可以想见，一定引来全体路人的哄堂大笑。是谁在为难这对父子？以前我一直认为是那些闲言碎语的路人。王阳明提醒了我，作践这对父子的，不是路人，而是他们自己。原本，让儿子骑驴，就是父亲慈心的表露；请父亲骑驴，也是儿子孝心的彰显；父子同骑，其乐融融，驴子也能承受；两人都走路，正是对驴子的爱护。为什么那么在乎路人的议论？其实恰恰是自己良知迷失、心无定见的表现。

如今已经进入互联网和自媒体时代，我们正生活在一个过于喧闹的社会，围观现象如火如荼，各种嘈杂的意见不绝于耳，人心也不免时时浮躁。当此之时，能够静下心来，读一读王阳明，悟一悟“致良知”，实在是一种惬意的体验。王阳明心学的真谛，归结为一句话，就是“认识自我”。从“独知”入手，让“良知”呈现，练就一颗从容自在的心，主宰自己的一切行为，活出真我，实现自我。不受欲望左右，不被功利牵累，也不为面子纠结，走自己的路，让别人去说，“虽千万人吾往矣”，“虽九死其犹未悔”，这才是一个人内心强大、人格完善的尊严体现。

我们还得继续行走，带着我们的毛驴。这毛驴是自己的，也是外在的，它象征着依附在我们身上的金钱、财富、名誉、权力、地位乃至各种物化的资源，说到底，它不过是我们人生的交通工具而已。我们可以牵着它走，可以赶着它走，也可以骑着它走，可以顺骑，可以倒骑，也可以不骑。只是千万千万，别扛着它走！

让慈善成为一种时尚

张　弢

春风又绿江南岸，正好侃慈善。

参加全市慈善工作会议，听到了许多好消息，如上一年慈善募捐实现了历史性突破；救助项目有了进一步拓展；义工队伍得到切实扩充，慈善机构的公信力显著提升；各项工作呈现风生水起的局面；近两年接受救助的困难群众达36万人次；等等。但也感受到慈善工作的窘迫，其中最为突出的是全民慈善的氛围不浓。如“慈善一日捐”，市里要求“全覆盖，不留空白”，但企业的参与度就明显低于机关事业单位，即使高调举办了一场“慈善马拉松挑战赛”，而被点名挑战的近百家企业依然多数保持着沉默。

慈善的氛围不浓，应该说有多方面的原因，不能简单地归结为企业对慈善认识不足。就我所了解，其实许多民营企业家都非常热心于慈善公益事业，只是他们的善行和善举大多是自主自发的，没有与慈善机构对接，也不愿意张扬，因而不太为外界知晓。低调行善，原本也是许多企业的自觉德行。我倒是觉得，慈善氛围不浓，更重要的原因是我们的宣传力度不足、营造力度不够。尤其是在宣传内容方面，以往过多地强调慈善是一种爱的奉献，是一种无私付出。殊不知，对于真心行善的人，慈善能得到一种愉悦的回报与收获——在奉献中验证自己的价值，在行善中体味人间的真情，在爱的传递中感受身心的快乐。对企业而言，只有乐于承担社会责任的企业才能真正在市场上左右逢源，做强做大。善有善报，这才是善行天下的不竭动力与源泉。

由此，我想到了时尚。时尚是人们对高品质生活的一种追求，也是社会对真善美的一种崇尚。它不需要政府指令，不需要机构推动，甚至也不需要苦口婆心的宣传，而是口口相传、心心相印，一旦兴起，所向披靡。比如当今广场舞的普及，比如各式各样的健身、养生、美容、旅游、户外活动、时装、名牌的流行，又比如因互联网而兴起的网聊、网购、网银、微博、微信等。为什么这些层出不穷的时尚，总能吸引数以亿计的人们趋之若鹜，唯恐跟风不及，以至不惜代价，乐此不疲呢？原因就在于：对时尚的追求，能够激发人们对美好生活的向往，能够提升自己的幸福指数，能够获得更多的心灵愉悦。一句话，回报远远多于付出。

慈善也一样，它并非是一种没有回报的付出。“当代雷锋传人”郭明义为央视公益广告代言，一语道破慈善的真谛：“帮助他人，快乐自己！”快乐自己，就是目的，就是回报。而尽自己所能去帮助他人，正是“快乐自己”的最佳方式。从这个意义上说，慈善人人可为，时时可为，何人不可为？何乐而不为？如果说追求高品质的生活方式，是一种“锦上添花”的时尚，那么帮助他人的慈善，就应该是一种“雪中送炭”的时尚。只是这种时尚，需要信仰支撑，需要爱心浇灌，也需要时间培育。

尽管在转型期社会，人们的价值观有点迷乱，慈善的氛围暂且不浓，但我依然对慈善成为时尚持乐观态度。因为中国数千年来传统文化的价值取向可以用一个词概括，就是“扬善抑恶”。有着如此深厚的善文化土壤，再加上我们的努力，慈善的事业一定会欣欣向荣、满目春色。

慈善何以成时尚

安　青

尽管我和张弢先生的观点不太一致，有时忍不住对他文中的观点提出质疑，但我不得不承认，张弢先生确实是文章高手。他的文章读来有如行云流水，颇感痛快酣畅。譬如他发表在《慈善周刊》上的《让慈善成为一种时尚》一文，就给了我这种感觉，同时也引出了我下面的文字。

在这篇文章中，张弢先生深感目前的慈善氛围不浓，他认为其中的重要原因，是人们对慈善的认识存在误区，即人们总认为慈善就是付出，就是奉献，殊不知，“对于真心行善的人，慈善能得到一种愉悦的回报和收获——在奉献中验证自己的价值，在行善中体味人间的真情，在爱的传递中感受身心的快乐。对企业而言，只有乐于承担社会责任的企业才能真正在市场上左右逢源，做强做大”。他认为，当人们对慈善的认识达到这种高度的时候，那么慈善就一定能成为一种时尚，一种如健身、养生、美容、旅游、时装一样的时尚。

对张弢先生的这种分析我深表赞同。因为这种分析完全符合人性中的自我需要和自我满足原则。《论语》说：知之者不如好之者，好之者不如乐之者。如果人们在行善的过程中能享受到应有的满足和快乐，你就是想阻止人们行善，也是阻止不了的。

那么问题就来了。如今的人们在行善的过程中享受到了满足和快乐吗？不可否认，在我们衡阳，绝大多数的人们还是享受到了这种满足和快乐的。譬如，在我市开展的“慈善一日捐”活动，就很好地发挥了扶危济困、排忧解难的作用，所以尽管它已实施多年，今天依然方兴未艾。但也毋庸讳言，当今的慈善氛围之所以不浓，或者说，慈善在当今的中国还没有成为一种时尚，我认为，除了张弢先生所说的人们对慈善的认识还不到位，还有一个更重要的原因，那就是当今部分存在的腐败现象。

可以说，这些腐败现象严重地败坏着党和政府的形象，也严重地败坏了社会风气。在这样一个背景下，慈善事业怎能不受到重创？慈善又怎么能够成为时尚？

所以，我们得由衷地感谢衡阳市慈善总会的同志们。在这样一种情势下，他们依然扑下身子，辛勤地耕耘着慈善事业，从点滴做起，于细微处着手，并且取得了不菲的成绩。我想，有这样一种执着的精神，衡阳的慈善事业一定会一步一个台阶。

其实，我们最应该感谢的是以习近平同志为核心的党中央。以习近平同志为核心的党中央，顺应时代的呼唤、人民的心愿，始终对腐败采取前所未有的高压态势。我想，当腐败销声匿迹之时，也一定是整个社会弊绝风清之日。而当整个社会弊绝风清的时候，人们在行善过程中就一定能充分享受到应有的满足和快乐，那么，慈善也一定能成为我们整个社会最流行的一种时尚。

这些人群同样值得关注

安　青

我们谈“慈善”，往往关注的是那些在物质上陷于困顿的人群。这当然是应该的。关注物质上陷于困顿的人群，并使他们脱危解困，这对于全面建成小康社会、弘扬社会主义新风，无疑有着重大的现实意义和历史意义。

然而，我这里要说的是另一种人群，即在精神的层面上陷于困顿的人群。我以为，这些人群同样值得关注。

我之所以这样说，是因为我读了《南方周末》前不久刊登的一篇题为“中国式‘心’探索”的文章。这篇文章借用一位心理医生之口道出了我们国家的一个严峻的现实：无论是抑郁症、焦虑症还是精神分裂症的发病率，都比人们想象的要高。与此相对应的，不仅是传统医疗机构，互联网上专注心理问题疏解的平台的用户数量也在迅速飙升。

这不能不让人感到震惊。《南方周末》的这篇文章借用许多专家学者的论述，证明了经济的发展并不能带来人们的心灵幸福，只有坚定的信仰才能保证人们的心理健康。习近平总书记今年（2015 年）2 月曾说过一句令人振聋发聩的话：“人民有信仰，民族有幸福，国家有力量。”习总书记的这句话，我深表赞同。信仰的缺失，就如精神灯塔的熄灭，使人的心灵沉入无边的黑暗。这也是当前人们的心理疾病频发的总根源。

说实话，我也曾是一个心理疾病患者。我的体会是：一个人之所以患上心理疾病，除了信仰的缺失，还有很重要的一点，就是生活、工作的压力太大而带来持久不断的焦虑，这种焦虑如果不能得到有效的缓解，势必导致严重的心理疾病。目前媒体上不断爆出各种人因抑郁症自杀的新闻，足见心理疾病对我们这个社会的危害。

我不知道我们衡阳到底有多少心理疾病患者，如果有一个精确的统计，我想绝对不是一个小数目。我写下这些文字，是希望大家都来关注这个问题。

因为，这对于当下的社会，同样是慈善之举。

慈善，其实是人类的自我救助

安　青

多年前，我曾参加“万名干部大走访”活动。这个活动，旨在了解民意民情，并帮助部分群众脱贫解困，其中最重要的一个活动，就是我们这些机关干部去农村“访贫问苦”，并送钱送物以解困难群众燃眉之急。我去的是衡南县鸡笼镇所辖的一个村子。这个村经济上不算落后，从一片新建的房屋看来，这里大多数村民的生活已经进入了小康水平。然而，在我跟着村支书走访了几家因病致贫的困难户后，我仍然被那几家困难户的贫困所震惊。

我知道，这在我们国家算是极个别的现象，但是这样的“极个别”具体到个体上，却是艰难的生活，也是迫切需要改变的境况。

要解决这一问题，最根本的途径还是靠我们卓有成效的经济建设以及公平正义的分配制度。但除此之外呢？

除此之外，唯有慈善。

所谓慈善，就是一种有益于社会与人群的社会公益事业，对社会中遇到灾难或不幸的人，不求回报地实施救助的一种无私的支持与奉献。新中国成立以来，特别是改革开放以来，我国的慈善事业得到了长足的发展。每当重特大自然灾害发生，慈善活动发挥了不可估量的作用，从而有效地避免了人道主义的灾难。但也毋庸讳言，由于腐败的发生和负面新闻的影响，我们的慈善事业也遭遇了不应有的发展迟缓甚至停滞，尤其使得我们社会的慈善文化日益萎缩。这应该引起我们全社会的高度警觉与关注。因为没有繁盛的慈善文化，便不可能有蓬勃发展的慈善事业。

按照一些专家的解释，慈善的核心就是利他主义价值观，通过这样一种价值观的弘扬，在全社会营造浓郁的“人道关怀”的氛围，使社会呈现一种稳定和谐的状态。专家的这种解释当然没错，而且也得到了很多人的认同。但在我看来，这一说法是片面的，或者说是不全面的。虽说慈善的表现形式是“利他”，但其实质又何尝不是“利己”？人类实际上是生物种群，今天，你是慈善捐助的行为人，明天你能保证自己不是被慈善捐助的对象？今天你向别人伸出了援手，明天你或许同样希望别人向你伸出援手。或许你这一辈子衣食无忧，但你的亲朋好友呢？俗话说，“谁都有一个穷亲戚”。所以，就其实质而言，慈善是人类在不可预知的灾难面前，对自我的一种最有效的救助。明乎此，我们的慈善文化才会得到有效的发扬和最广泛的认同。

我的这种看法，不知读者诸君以为然否？

善心，源于对生命的热爱和悲悯

安　青

作为《慈善周刊》的特约撰稿者，不能不思考一个重要的问题，那就是：一个人的善心从哪里来？

对这个问题，我思考了很久。最后，我得出了这么一个结论：善心，源于对生命的热爱和悲悯。或者说，如果没有对生命的热爱和悲悯，就不可能有真正的善心。

我之所以得出这么一个结论，是基于以下的一些思考。

在我们这个世界上，最美丽最神奇的产物莫过于生命，而在生命现象中，最美丽最神奇的物种则是有思想有情感的生命——人类。试想想，如果没有人类这种生命的存在，我们这颗星球该是何等的荒凉、何等的无趣！

因为有了人类的存在，我们这颗星球才显得生机勃勃、活力非凡，我们的时空才有了真正的意义。然而放眼无边无际的宇宙，我们这颗星球又是非常孤独的。因为在茫茫宇宙当中，除了地球外，迄今还没有发现任何一颗星球存在生命迹象。人们常说的“外星人”，目前还只是处于推测、研究的阶段，并没有得到确切的证实。

这就愈发证明了人类这种生命的难能可贵。作为一种生命现象，人类将是一个漫长的存在。如果就单个的生命而言，其存在的时间则是十分的短暂。就一个人而言，他在这个世界上的存在也就那么几十年、百把年。

几十年，又或者是一百多年，相对于漫长的人类历史，几乎就是“白驹过隙”，或是“昙花一现”。

正因为如此，任何一个正常的人，都会无比热爱生命。这个世界上的一切生命现象，包括植物界的花草树木，包括动物界的飞禽走兽，都是他热爱的对象。他善待自己的生命，推己及人，他也会善待他人的生命。在他的心目中，任何一个人的生命，都有着不可剥夺的权利，也都有着不可亵渎的尊严。一旦他人的生命遭受冻饿或者夭折，他都会悲从中来，并竭其所能地伸出援手。

所以我说，善心，源于对生命的热爱和悲悯。

所以我认为，培养一个人的善心，尤其是对孩子的教育上，最最重要的一条，就是要培养他对生命的热爱。舍此，善心将无从谈起。

没有“真”，何来“善”？

安　青

这些年因为社会风气的原因，呼唤爱心、呼唤善良的声音一直层出不穷。这充分表明，我们这个民族是一个向善的民族，人人都渴望生活在一个善心充盈、爱意融融的社会里。

然而，这种对爱心、对善良的呼唤，似乎并没有收到预期的效果。比如，多年来不敢扶起街头摔倒的老人，这种现象不但没有减少，如今倒愈来愈成为一个问题了。无论是传统媒体，还是网络媒体，对此可以说是痛心疾首。何以如此？根本原因在于人与人之间缺乏起码的信任。人与人之间连起码的信任都没有，又岂能奢谈善良和爱心？

由此可见，我们这个社会并不缺乏善良和爱心，缺乏的是在真诚和真心的基础上所形成的相互之间的信任。试想想，当人们付出了善良和爱心，得到的却是虚伪和欺诈，人们还会付出善良和爱心吗？说具体一点，当东郭先生救了狼的命，最后却被狼吃掉，人们除了嘲笑东郭先生的愚蠢和迂腐，还会纷纷去效法东郭先生的善良吗？可以说，正是虚伪和欺诈，在无情地绞杀着我们这个社会的善良和爱心。

所以我认为，当我们在呼唤“善”的时候，应首先呼唤“真”的回归。

我们的古人是很懂这个道理的。比如，我们汉语中的“真善美”这个词组，就很能说明问题。在这个词组中，“真”在“善”之前，也就是说，

“真”是“善”的前提和基础。没有“真”，何来“善”？更何谈“美”？“善”如果不以“真”为前提和基础，这样的“善”只能称之为“伪善”。而“伪善”则是人们最深恶痛绝的。所谓“宁为真小人，不做伪君子”，说的就是对“伪”的批判。

放眼当今社会，人们已愈来愈深切地意识到了这一点。在长年的生活实践当中，人们愈来愈认识到“真”的可贵。求真相，讲真话，已经成了人们的做人原则。讲假话，做假事，正日益被人们所鄙视。由此可见，我们这个社会正在发生令人可喜的变化，而这种变化必将推动我们整个社会的全面进步。

因为，当我们这个社会“真”了，自然也就“善”了，最后也就“美”了。

善恶常在一念间

张　弢

最近看到一段有关人性测试的视频：在澳大利亚，记者在街头假扮盲人，向路人求助，请求兑换 5 澳元零钱，他手中却拿着一张 50 澳元面值的钞票。视频中，多数路人善意提醒此人，他手中的钞票是 50 澳元而不是 5 澳元，并为其进行了零钱兑换。但也有人稍显犹豫，将 50 澳元接过，只兑给 5 澳元零钱。甚至有人四下张望后，接过 50 澳元就跑了。月亮有圆缺，人间有善恶，国外也一样。

其实这个测试，对于检测人性善恶比例或文明程度，并没有什么实际意义，倒让我想起一件往事：20 年前，我在市文明办任职，一位外地厂商代表来找，说为配合文明市民素质教育，他们策划了一个活动，选一个下雨天，在街头向路人借出"文明伞"，分三批投放 3000 把，只要求三天内归还。如果归还率高，会是一次很好的文明城市形象展示。因担心厂商另有所图，再说心里确实没底，我拒绝了以文明办的名义组织，只答应可以协助。结果那一天，场面大乱，第一批 1000 把伞，不到半小时就发放一空。不少人是打着伞去借伞，我还亲眼见着一个人抱着五六把伞匆匆离去。三天后，在设置的归还处，却是一把伞都没收回。我至今还记得当时主办者那一脸的困惑和苦笑。

不过，至今我仍然认为，这样的测试，并不能说明什么。因为更多的路人选择了不贪这个便宜，这就是善的分量。即使是那些借伞不还的人，也并非恶人。他们也许只是在“善小”与“恶小”之间，产生了一念之差而已。关于“善小”，《衡阳晚报》早两天就刊发了一则动人事例：“全国医德标兵”、市中医医院贺新民医师，将一位患者悄悄塞给他的存有20万元人民币的银行卡上交给医院纪委。面对采访，他淡然说道：“我们天天讲善小，真正面临选择时，就要坚持向善、向上。”我相信，他的选择同样是基于良知之上的一念之间。

在那段视频的结尾，倒有一点值得玩味：假扮盲人的记者，摘下墨镜，追上那位拿走50澳元的路人，告诉他：“先生，你错了，你应该诚实些，好吗？”而那位贪小便宜的路人则满脸羞愧，连声道歉，将钱退还，落荒而逃。能够当场认错，说明此人还有是非之心、羞耻之心，一念之后，良知依然呈现。可是，记者为什么只拿诚实说事，而不是批评他自私和贪婪呢？

其实，中国的哲人早已将这一点阐述明白了。孟子指出，天之道为“诚”，人之道为“思诚”；程颢强调，思无邪，诚也；王夫之也说过：诚与道，异名而同实；王阳明更是认为，诚是心之本体。为善去恶，无非是诚意的事。可见诚实才是做人的根本，是我们完善人格、成就自我的不二法则。

由此看来，那些打着伞借伞的人，缺的并不是伞，而是诚实。

关于“善良”的诗意表达

安　青

在《慈善周刊》的这个《慈善三人谈》专栏里，根据张弢先生的盘点，此前我已发表了19篇文章。这19篇文章，每一篇文章，我都是精心构思的，其中不少文章倾注了我的思考和情感。

前些天，与一个相熟的朋友聊天，他忽然对我说，你在《慈善三人谈》专栏发的文章我都看了，说实话，你的文章思想性都不错，但语言不行，显得干巴巴的，没什么味道。我问何以见得？他说，我也说不出个所以然，但我读过别人谈“善良”的文章，文笔优美，远远胜过你。

分手后，他给我发来几段谈“善良”的文字，我一看，这些谈“善良”的文字，果然优美生动，极富感染力，且过目难忘。这里且抄下几则，与读者诸君分享。

其一：善良是挂在心底里的一轮澄澈的明月，它照亮的是一个人精神的天空。一个一辈子行善的人，心底里的月亮，已经超越了个人，升起在尘世寥廓的江天之上。它洞照的，是这个世界所有人的良心，以及灵魂的纯度。这样的大善，看起来，似乎只是对被救助者境遇的改变。实际上，它改变的，是所有沐浴在月色中的人的心灵。

其二：善念是一粒种子，善心是一朵花，善行是一枚果实。每个人生下来的时候，都怀揣着这样一粒种子，它可以为一个人的一生长出最富人情味的奇葩。然而，有的人丢弃了它，逐渐变得冷漠；有的人玷污了它，最后走向邪恶。更多的人，内心都散发出花的幽香，或恬淡，或浓郁，丝丝缕缕，飘散的，都是人性的芬芳。善行的果实里，藏着这个世界最深沉的厚道，以及最醇厚的温暖。生命的花园中，如果每一粒善念的种子，一心想着为他人长出温暖的果实，那么，这个世界必将是一个和谐有序的世界。

其三：夜晚的天幕上，缀满无数的星星。这些星斗与我们相隔千万里，遥远的，我们永远无法触及。然而，每个晚上，一转身，一仰首，我们总能看到它们那熠熠的光辉。善良的人的内心就像这星斗，他们远离喧嚣，蛰伏在寂静的远方。然而，这并不妨碍他们关注尘世。天上闪耀的星辉，都是善良的人，投向尘世的不灭的悲悯目光……

这一类的文字还有很多，限于篇幅，恕不一一抄录。说实话，这些关于“善良”的诗意表达，我这一辈子恐怕都写不出来了。首先是我早过了充满诗意的年龄，笔下无法蹦出“月亮”“星星”这样的字眼。其次，这个世界是多姿多彩的，每一个人都有每一个人的表达方式。关于“善良”，你可以采取诗意的表达，我也可以采取不诗意的表达。借用契诃夫的话说，大狗叫，小狗也要叫。不能因为大狗叫了小狗就不叫。

新的一年到了，作为“小狗”，我是一定要叫的。

聊一聊“工匠精神”这个话题

安　青

2017 年全国“两会”尽管结束有一段时间了，但我依然在琢磨着“两会”传出的种种信息。其中，我最为关注的是李克强总理在《政府工作报告》中提到的“工匠精神”。他说：“鼓励企业开展个性化定制、柔性化生产，培育精益求精的工匠精神，增品种、提品质、创品牌。”对于当今的人们来说，“工匠精神”实在是一个久违的字眼，以至于从李总理的口里甫一说出，令人倍感亲切。

我们国家的历史上是不缺“工匠精神”的，甚至可以说，我们中国就是一个工匠大国。单说民间，就有石匠、木匠、铁匠、砌匠、弹匠、雕匠、补锅匠等，这些工匠们，创造并美化着我们中国人的生活。记得小时候，我在乡下睡的牙床，床架上雕刻的花鸟虫鱼，其细腻精美，至今回想起来，仍然令人惊叹。

不知从什么时候，“工匠”尤其是“工匠精神”，逐渐淡出了人们的生活视线。人们的注意力大多被速度、批量、效益等所遮蔽了，而懒得对一件讲究技艺性的制品劳心费神了。过去，我们常说“干一行，爱一行；干一行，钻一行”“七十二行，行行出状元”，今天又有多少人提起呢？

这种局面，我以为主要是社会环境和价值观的扭曲所致。前些年，当权力能为掌权者带来巨量财富，当金钱可以通过不择手段的方式攫取，劳心费力的“工匠”及其“工匠精神”自然不被人们所青睐了。以习近平为核心的党中央近年来开展的反腐败斗争，对于社会环境的廓清和价值观的拨乱反正有着巨大的现实意义。随着反腐败斗争的日益深入，人们愈来愈清醒地认识到：权力只能用来为民造福，而绝不能让掌权者用来发财；金钱只能靠诚实的经营和劳动所得，而决不能靠巧取豪夺。只有在这个时候，人们才能明白“工匠”和“工匠精神”的可贵。所以，当李总理在《政府工作报告》中提出“要培育精益求精的工匠精神”时，立即引发舆论的热切关注和积极回应。

在我看来，李总理提倡“工匠精神”，实际上也是向全社会倡导一种“干一行，爱一行；干一行，钻一行”的敬业精神。今天我们干的每一行，都需要我们全情投入、一丝不苟、精益求精。比如当新闻记者的，你就要眼观六路、耳听八方，随时随地能捕捉有价值的新闻信息，并向社会提供优质的新闻产品；比如当法官的，你就得精通法律条文，明察秋毫，对每一个案件做出公正的判决；比如做慈善工作的，你就得对慈善工作的规律和特点了然于胸、烂熟于心，从而使每一项慈善活动开展得卓有成效。总之，工农兵学商，各行各业，都需要一种一丝不苟、精益求精的“工匠精神”。

“工匠精神”在神州大地风行之时，必将是我中华民族腾飞之日！

她“跳”出了谁的尴尬？

新　功

儿子患了强直脊椎炎，治疗需要巨额资金。对于一个普通人来说，压力山大。母亲既心疼又着急，忽然想到自己买了人身保险，如果发生意外，可以获得30万元赔偿。于是，心一横，从9层楼上纵身往下一跳，想以自己的死换来给儿子的治病资金。63岁的母亲活活摔死，却不知她买的保险已经过期，得不到分文赔偿。一条鲜活的生命就以这样非常痛苦的方式极其悲惨地白白结束了。

唯一可以告慰的是，母亲的死引起了一家专门救助治疗她儿子这种病的公益慈善机构的关注，免费治疗她儿子的病。

有许多的人同情这位母亲，贫穷如此，太不幸了。也有不少人钦佩这位母亲，舍命救子，母爱何其伟大。当然，还有人可能无法接受这样血淋淋的事实，为什么要这样？为什么会这样？

可以讲这位母亲的无知：保险过了期都不知道，有专门的救助公益组织也不了解。但是，有没有想到，一个人到了连命都不要了的时候，还能有更多的选择吗？救子心切，母亲当时能够做的、知道做的就是以命换钱，没有别的办法。假如有别的可能，她会这样吗？

她这一“跳”，“跳”出了谁的尴尬？

如果有地方可以去找，相信她肯定会去找。估计是谁也找不上，找谁也不搭理。喊天天不应，喊地地不灵，束手无策，一筹莫展，找来找去，还是只能找自己。就说那家可以治这种病的公益慈善组织，信息如同茫茫大海中捞针，一般的平民百姓又怎能轻易找到这种渠道？

如果有人管，相信她肯定不会出此下策。像这种情况，有责任管应该管的部门肯定不少，有能力可以管的部门当然更多。动动口，伸伸手，事情就会变得简单。可惜的是，没有人管，没有人问，逼得她走投无路，只有这样，只能这样。

割不断的亲情，无奈的悲剧，怎能一声长叹了事？

斯人已逝，可类似的事现在存在，将来肯定也还存在。我们要做的，就是防止此类悲剧的再度发生，少产生这样的“尴尬”。

至少，这事要有人管，让人有地方可以找。

这些是政府部门的事，是公益慈善组织的事，但不仅仅如此。

比如，还有亲帮邻助，相互关心，相互照应。危难时大家帮把手，温暖的不止人心，或许可以解燃眉之急，助人渡过难关。

有时候，缺少的不只是部门的责任，还有爱心。

一篇传扬善心与善举的美文

安　青

“摇橹潇湘，过萍洲，下归阳，泊舟莲湖湾，只见凫鸭戏水，划出几道波纹，一只乌篷船，晃摇着荡入莲花丛中，层叠的荷叶如柄柄青伞，含苞的花蕾又似玲珑剔透的玛瑙玉髓，煞是好看。鲢鲤摇动着尾儿，游弋于水草之间，几只小虾弓矢般穿过荷茎间隙，白云如一袭素纱在湖中浣洗，天是蓝色的，水是蓝色的，沿岸的垂柳将水湄画出了两道绿色边带，将湖面衬托得像一条长长的织锦，绚丽多彩……”

以上这段文字，摘自梅疏影的纪实散文《山水有幸，与善伴行》的开头部分。

我之所以摘下这段文字，是因为这段描写莲湖湾风光的文字，细腻生动，色彩明丽，引领着读者身临其境，获得一种难得的身心愉悦和美感享受，同时情不自禁地进入她将要叙述的人与故事之中。

梅疏影这篇纪实散文，写的是衡阳市莲湖湾生态农业有限公司董事长谭耀投资建设生态农业，带领莲湖湾村民脱贫致富，并热心资助当地贫困家庭的故事。这篇散文最近获得了湖南省首届慈善征文二等奖。

获不获奖，获什么奖，这些我都不看重。我看重的是梅疏影这篇散文写得确实很美。她用美的文字，描绘美丽的风景，叙述美的人与故事，从而使全文散发出一种美的神韵。

在衡阳的写作界，我也算是一个资深写手了。我的经验是，述说一个人和故事，总要想方设法将这个人与故事与所处的社会背景加以观照与对比，从而凸现这个人与故事的社会意义，以期收到“深沉”或“深刻”的效果。这种写法当然可取，但写多了，以至于形成一个模式，就难免令人生厌。说实话，这种写法往往隐含着对读者的不尊重。当今的互联网时代，任何一个读者都能从一个人的生平和故事当中解读出其中的社会意义。所以，聪明的作者应该懂得“留白”，懂得为读者留下思考的空间，而不必故作深沉地去述说我们这个社会如今怎样怎样。

梅疏影无疑是聪明的。对于当今的社会风气，她在这篇散文中几乎不着一字，她只用文字为自己所要叙述的人与故事构造一个美丽的背景，然后在这美丽的背景下开始言说她的所见所闻、所思所感。这种写法，效果出奇地好。读罢她这篇散文后，读者会强烈地感受到：莲湖湾是美丽的，可惜莲湖湾也有贫穷落后的一面。莲湖湾生态农业有限公司的董事长谭耀是可敬的，他的善心与善举将驱散这里的贫穷与落后，从而让这一方山水绽放出更加美丽的光彩。

不知什么原因，在当今的文学作品中我们已很难见到动人的风景描写了。即使有，多半也属稀松平常，难以让人生发出美感。更多的是心灵鸡汤式的“心灵独语”，令人起腻。看得出，梅疏影生性开朗，热爱生活，热爱大自然，她以敏感的心灵感受着大自然的美丽，一旦心有所动，便自然流泻出美丽的文字。

我这么说显得过于轻松，实际上对大自然的描摹最能见出一个作者的文字功底。梅疏影的文字功底不可小觑，她对字词的运用，相当精准。而且，她在古典文学方面一定下了苦功，不然，她的文字不会如此典雅而蕴藉。且看她这篇文章的结尾：“何方山水有幸，结此善缘，得此善人，与之携手前行，让青山不老，让善行永存？……他的莲湖湾，有一院、一径、一亭、一桌、一茶，你可携友在此吟风弄月，诗酒酬唱，不失为雅事。亦可随主人，倚山为伴，与水作陪，涅槃放空，让一颗慈心犹如洁净的莲花徐徐绽放于这片梦里水乡。”

我曾对莲湖湾生态农业有限公司董事长谭耀有过承诺：一定要为莲湖湾写点什么。现在看来，有了梅疏影这篇美文，我的承诺恐怕很难兑现了。

赞善行

阿里巴巴是个快乐的青年

张 弢

安青开了场，俺来接着侃。

先得找个话题，有关慈善的。正好，早几天胡润2014年中国慈善排行榜发布，马云以145亿元捐款位列榜首，成为中国首善。而早前一个月，他的阿里巴巴在纽交所正式挂牌交易，创下有史以来规模最大的一桩IPO交易，筹资250亿美元，马云也以1500亿元的身家，成为中国首富。按“榜爷”胡润的说法，这是他自1999年在中国开榜以来，第一次出现“首善”和“首富”是同一个人的情况。

“榜爷”开心了，俺可迷糊了。这“首善”和“首富”之间，难道有一种逻辑关系，或因果关系，应该是同一个人？另外，马云的145亿助学捐款是在去年，今年就发了个猛财，是蛋生了鸡，还是鸡生了蛋？还有，阿里巴巴作为一家互联网公司，几万元起家，短短15年，就翻滚到千万亿级，绝对的暴利，典型的暴发，这是善呢，还是恶？

看来，阿里巴巴还真是一个神话，而不是童话。“阿里巴巴”作为童话，我应该是在50年前读到过，书名就叫《天方夜谭》。贫苦青年阿里巴巴，因了一个偶然的机会，掌握了“芝麻开门”的秘诀，从强盗藏宝的山洞里获得了大量的金银财宝。随后又在四十大盗的苦苦追杀下，一次次化险为夷。全凭女仆莫吉娜，在阿里巴巴毫无觉察的情况下，将大盗们一一歼灭。

如今的马云，不也正在演绎一出当代的阿里巴巴传奇吗？他的秘诀，便是互联网；他的山洞，就是市场。可谁是他的女仆莫吉娜呢？是17位不离不弃的创业伙伴，是大手笔注资的软银、高盛、富达和雅虎，还是亿万趋之若鹜的淘宝网民？好像都不是。俺寻思了许久，似乎找到了一个答案：是他的善念与善行，赢得了社会的信任和尊重，才形成了他的保护神。

和童话里的阿里巴巴一样，马云也是一个不贪不占、乐善好施的好青年。在创业之初，他就明确表示，我们要把自己定位为企业家，承担起社会责任。随着企业的发展，他也逐步形成了自己的大慈善观。马云认为，慈善事业，最重要的是爱心，而非钱。只要有爱心，捐一块钱也是慈善。他曾总结：阿里巴巴建立起互联网信用体系是公司对社会的最大慈善，因为电子商务最需要诚信；而淘宝的大公益不是捐钱，而是为社会创造了100万个就业机会。2016年他辞去首席执行官时说过，退休后，心里最想做的事，就是公益。2014年6月，他曾特邀世界首富同时也是世界首善的比尔·盖茨举办慈善晚宴，讨教慈善公益事宜。捐145亿设立慈善信托基金，只是他的诸多善行之一。但正是这些善念和善行，让伙伴跟定了他、大佬看准了他、股民瞄上了他、顾客选择了他，让这位当代的阿里巴巴，在远不止“四十大盗”的市场上一路高歌、左右逢源、逢凶化吉、劈波斩浪，攀上了首富的巅峰。

善与富，由此看来，一定是有因缘的，只是我们还有很多人、很多企业，暂时还没有感悟到——

阿里，阿里巴巴，阿里巴巴是个快乐的青年。

弥足珍贵的尖锐批评

安　青

闲来无事，整理一下旧的日记书信，从中发现多年前的两封来信。重新展读这两封来信，令我又一次耳热心跳。

这两封来信均写于2009年。两个来信者对我在这一年发表的几篇文章都给予了严厉的批评。他们在信中认为，我的那几篇文章对当时的市领导颇多“溢美之词”，作为一名资深新闻工作者，我不应该这样占据报纸的版面，对领导如此“阿谀奉承”。看得出，他们二人对我早已“忍无可忍”，这两封信便是他们二人对我“忍无可忍”的结果。

虽然过去了这么多年，但我还是能记得我当时阅读这两封来信时的感受。我当时最大的感受是：委屈。我之所以感到委屈，是因为：其一，我们报纸的一项最基本的功能，就是放大市委、市政府领导的声音，从而有效地指导全市的工作。我写那几篇文章只不过是履行一个新闻工作者的职责而已。其二，我那几篇文章只是对当时市领导的讲话进行了必要的点评和阐释，并认为他的讲话对衡阳有极强的针对性和指导性，如果能在全市得到贯彻，必将对衡阳的发展有着巨大的促进作用。这怎么能称为“溢美之词”？更何谈“阿谀奉承”？

我当时很想给这两位来信者回信，和他们进行一次平心静气的交谈和探讨。遗憾的是，这两位来信者在信中都没署上自己的真实姓名，也没有署上确切的通信地址和联系方式，我只好作罢。

水有源，树有根。这两位来信者为什么对我如此“忍无可忍”，肯定是有原因的。尽管他们没有在来信中署上真名实姓，但他们一定对我非常熟悉。我这个人，说实话，在生活中是很不可爱的。经历的特别坎坷，致使我性格上存在诸多缺陷，其中最大的缺陷就是自卑、胆小。尤其是在领导面前，一贯小心翼翼，有时连手脚都不知道往哪儿放。不要说领导，即使在熟悉的朋友圈里，我也是从来只说好话，不说坏话，生怕有一丝儿冒犯，以至于有一位朋友曾在背后多次对众人说，安青要是说某人好，你们千万别相信。这充分说明了我这个人从骨子里有一种“奴性人格”。我估计那两位来信者对我平时的言行早就看不惯，看了我的那几篇文章，联想到我平时的“嘴脸”，不禁“怒从心头起，恶向胆边生”，于是用书信的形式对我进行了一次言语上的“重磅轰击”，从而给我一次严厉的警示。

我在报社工作了近三十年。在这近三十年中，我常常说别人的好话，也常常听别人说我的好话。说实话，好话比坏话好听，赞美比批评入耳，所以中国有句老话至今仍非常流行：好话一句三冬暖，恶言一句六月寒。所以如今说好话成风，赞美的语言满天飞，从而导致言不由衷的风气，说假话也成风了。

然而，必要的批评呢？须知，一个正常的社会是需要批评的声音的。没有必要的批评，我们这个社会能进步吗？社会如此，更何况一个普通人？

正因为如此，当时收到这两封信时，我虽然深感委屈，但我没有撕掉并扔进字纸篓里，而是小心翼翼地将它们折叠好装进一个塑料套里，并一直保存至今。今天，我特借周刊一角郑重地谈及此事，是希望这两位读者跟我取得联系。我打算请他们二位喝酒。我以为，他们二位对我的严厉批评，于我的人生太有益了。

有种尊重叫“向下”

新　功

偶尔读到两则小故事，感慨良多，引发这个话题。

一则说的是英国撒切尔首相宴请宾客，参加的当然都是头面人物。宴会在欢快祥和的氛围中进行，而在上汤时，发生了令人十分尴尬的小插曲：一女侍者不小心失手把热汤洒在一大臣的身上，弄脏了他华贵的衣服，而且烫伤了他的皮肤，众皆失色，女侍者吓得面如死灰，战战兢兢——闯下如此大祸，等待她的不知是何种处罚。这一切当然都被女首相看在眼里，作为主人，只有她才好出面收拾局面。众人暗暗为女侍者捏着一把汗，让尊贵的客人在大庭广众之下出了洋相，错大了，且看主人如何动作。一步一步，女首相绕开了那位大臣，径直走到女侍者身边，轻轻地一个拥抱，安慰道：“孩子，不要紧，受惊了，别害怕。”女侍者一下便安静下来。这下轮到大家看不懂了，明明是女侍者的错，完全应该被处罚。即使要安慰，也应该是那位无端受到伤害的大臣而不是犯错的女侍者。这是怎么啦？女首相明白了大家的诧异，说道：“这个时候，首先女侍者才是需要安慰的。”全场纷纷起立鼓掌。

另一则说的是，有个著名的黑人女歌手开演唱会。有位听众听了后很欣赏，很高兴，当着这位歌手的面赞扬不已。临走，补了一句：我那女同事最喜欢听你唱的歌，可惜她今晚加班来不了。女歌手便问：你那女同事在哪栋楼？问清后，打车跑到那栋楼下，对着楼层高歌一曲，唱完若无其事地离开了。

故事其实不复杂，让人们仿佛看到从黑暗中穿过来一缕阳光，明白有种尊重叫“向下”。

人人都有被尊重的需要，但是世俗的目光总容易把尊重扭曲，目光很容易“向上”，只因为那“上”有着太多的光环、太多的诱惑，不会被白尊重。而“下”呢，芸芸众生，大可不理不睬，无须屈尊。

以上这两件事的处置，其实还未必与“上”“下”有关。侍者把汤水洒在客人身上，弄脏了衣服，还烫伤了人家，起码算责任事故，何况是一位大人物。赔礼道歉是必须的，赔偿、开除也不过分，正因为后果很严重，女侍者才感到了害怕，这个时候她是非常孤独的、无助的、脆弱的，尽管是咎由自取，却是被动的。而那位大臣虽然吃了亏，一切的等待将是主动的。女首相正是洞悉女侍者处于弱者地位的心理，才首先“向下”，巧妙化解了这一尴尬，缩短了上与下的距离，把尊重及时给了最需要的人。人性的关怀使人如沐春风。

同样，作为著名女歌手，有粉丝，来听歌就是，只要买票。而主动走出去，为人单独唱一曲，体现的也是一种“向下”的胸襟。

这事看起来容易，做起来很难。

潜意识里，人们有一种“向上”尊重的媚俗。俄国作家契诃夫的一篇小说中就写到这么一个人物。一公务员在剧院看戏，打喷嚏，不小心把唾沫喷到了一位长官的衣服上。这还了得？他预感到大难临头，惊慌失措，赶忙赔不是，亲自为之擦拭干净，请求原谅。那长官开始并不在意。后来，这个人一而再地重复赔礼，才惹得他大发脾气。这公务员自讨没趣，就是“向上”的尊重根深蒂固，尊重过头，变成了谄媚。

居“上”的也有被尊重的需要，有理由、有资本、有条件摆足架子，做出样子，把每一个可能都变成现实，把每一个空间充分挤压。那位大臣在那样的场合，发生那样的事情，他说怎么做都不会过分，女侍者只能任人宰割。那著名女歌手完全可以摆谱，你爱听不听，凭什么我登门为你独唱？

这就是人与人之间素质的差距。尊重“向下”不是廉价的悲悯，不是扭捏的作秀，不是高高在上的施舍，而是融入血液、浸入骨髓的一种高贵，如同太阳把光辉洒向大地那样自然。

慈善事业应该也是“向下”的尊重。在这个世界上，相信没有谁愿意成为弱者。一个弱者的背后总有着鲜为人知的种种缘由。这个时候，需要爱心的救助。对于无助的弱势群体，需要动员社会各种力量，组织社会各种资源。

呵呵，如今这风气，说别的可以，而只要一谈到做慈善、搞募捐，有人脸就变了，总是以种种理由拒绝、推脱，但是在别的方面可以一掷千金，挥霍无度，比如动用巨额资金去孝敬领导，疏通关系，比如不惜血本去追星，等等。这钱嘛，本来是你自己的，怎么花费别人也不好说什么。但是稍稍“向下”看看，如果想到还有那么些人等钱救命的悲惨，而人心只要是肉长的，多少应该会有点痛。

做慈善，面对的是普通民众，他们才是最需要被尊重的。尊重的是他们生存的权利。

做慈善并不需要惊天动地，如果能拥有像女首相尊重犯错误的女侍者和著名女歌手尊重每位普通听众一样的胸襟，就一定能做好。

三句话不离本行，扯来扯去还是回到慈善上来了。如有勉强，还请诸君理解。

为李康杏的读书交流会点赞

安　青

说起衡阳市民建副主委李康杏先生所组织的读书交流会，许多衡阳人一定会很陌生。这年头读书的人本就不多，而李先生组织的这个活动，既有读书，还有交流，你说风雅不风雅？

记得是去年七月，我先后两次参加了李康杏先生所组织的读书交流活动，两次活动均让我大开眼界，大有收获。第一次读书交流活动的主题是“关于幸福”，参加活动的每个人根据自己的阅读体会谈谈自己对幸福的理解，总结影响人们幸福的种种障碍；第二次读书交流活动的主题是“传承”，每个人根据自己的阅读体会谈谈对于传统文化的认识，哪些应该传承，哪些应该摒弃。这两次读书交流活动给我的印象极深，与会者踊跃发言，各抒己见，有时还有相互的争论和交锋，气氛热烈，场面感人。我以为，这种活动的形式以及这种形式所蕴含的积极意义，是值得称道的，也是值得我们效仿的。

首先它极大地促进了阅读。每一次交流活动都有一个主题，而要围绕这个主题作交流发言，你就必须作必要的阅读，从而获得大量的思想文化知识。据我所知，李康杏先生所组织的这个读书交流活动，迄今已举行了二十二次，参加活动的人们该阅读了多少书籍！其次，它极大地促进了人们的思考。因为要作交流性的发言，你就必须在阅读的基础上作深入的思考。最可喜的是，参加活动的人们在交流中互相切磋、互相碰撞、互相汲取，从而获得更高层面上的思想成果。

由此，我便想到了一个关键词，那就是：改变。是的，我们这个社会，还存在着种种不尽如人意之处，一句话，它太需要改变了。但如何改变？很多人说起来口若悬河，总以为需要改变的是我们这个社会，是他人，而恰恰忽略了我们自身同样需要改变，而且我们自身的改变恰恰是最重要的改变。在这个社会，只有我们每一个人自身改变了，完善了，这个社会才能获得有效的改变和完善。李康杏先生组织的这个读书交流活动以及参加这个活动的人们，为我们每一个人改变和完善自己，提供了一个很好的范例。所以，我要由衷地为李康杏先生所组织的这个读书交流活动，点一个大大的赞！

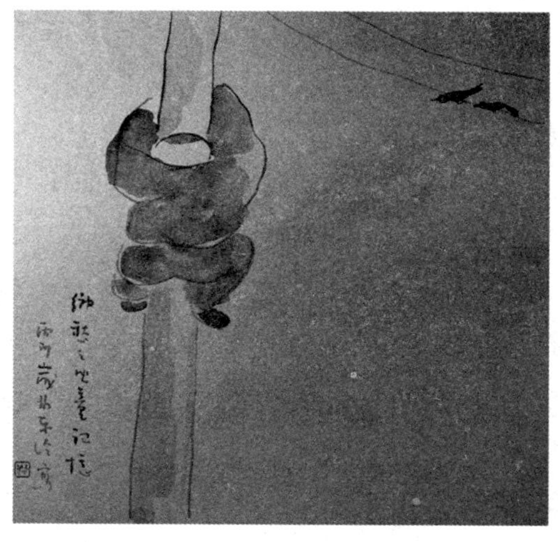

你也“秀秀”试试

新　功

报纸披露了这么一个消息，说是重庆市有位家产过亿的富豪每天到河边去捡垃圾，这一捡就坚持了8个月。并且，还组织了十几位有身价的老板统一着装，集体上河边捡垃圾。

这个事是真实的，是一件微不足道的小事，当然也是一件善事。

但是，这事首先是一个富豪做的，然后又组织了一个富人群来做，似乎就非同寻常了，引发了如潮的议论。

就有人嗤之以鼻，冷嘲热讽，不屑一顾：看看，又在作秀！

什么叫“秀”？从百度上搜索得知，是网络用语，是英文单词show的音译，为“展示，炫耀”之意。

从字面上看，这位富人所为有如此“展示，炫耀”的必要吗？为什么“秀”？“秀”给谁看？“秀”的动机是什么？

这富人如果要“秀”的话，应该还有许多选择。比如，用别的方式，捐款捐物，把响动搞大点；雇人来做，捡垃圾并不是一件很体面的事，出出钱，动动口，让别人去捡，完全可以不用自己动手；只做一阵子，有这回事就可以了，没有必要坚持下来，而且一干就是8个月；一个人捡捡也行，不需要组织更多的富人加入捡垃圾大军。

可这个人不是这样。做出如此选择，亲自动手，一直坚持了下来，还带动有身价的人一起来做。

如果这也叫“秀”，那应当是“秀”得可爱。

国人有陋习，垃圾随手扔。破坏了环境，影响了你我。尽管捡垃圾是简简单单的举手之劳，并非轰轰烈烈的英雄壮举，偏偏有人不愿去动动金手指，还习惯了乱丢乱弃。一人捡，带动更多的人捡，垃圾少了，环境就更干净了，是一件多好的事！如果要说“秀”的话，这些人或许能够引起更多的关注：保护环境，有时只要动动手指那样简单。大家一起动手，共同保护生活的家园，克服陋习。

往往是不去做的人，才会轻易给别人贴标签。一个“秀”字就有可能混淆是非，颠倒黑白。

对于做公益事业、慈善事业，也有人喜欢动辄贴标签。

大家知道，时下慈善有点“冷”。为了营造氛围，让更多的人了解、支持、参与慈善，就有了许多的宣传策划，开展各种活动。比如，“慈善马拉松”活动，胜出者可以挑战其他单位、企业、个人；被挑战方可以选择做慈善，也可以选择参与“马拉松”，没有半点勉强的意思。就这么个事，也有人说成是“作秀”。

的确，如今“作秀”的真还不少。但如果不去辨析，不作思考，不顾事实，随意把这个名声往别人身上安，不能不让人怀疑是何动机，不由得人多问几个为什么。

不去捡垃圾的人才说捡垃圾的人是“秀”。

不参与慈善事业的人才说做慈善事业的是“秀”。

不去说别人如何“秀”，这种“秀”，不妨你也“秀秀”试试！

“任大炮”和“任小米”

张　弢

说实话，我对任志强这个人，一向印象不太好，直到前不久，看到《中国企业家》一篇有关他的访谈。

作为地产大亨，同时又是网络大V，任志强在中国的名气不小，人称“任大炮”。大炮者，火爆也。作为性情，也许值得赞赏。这年头，有话就说，说就任性地说，不含糊，不畏惧，语不惊人死不休，不比那些吞吞吐吐、顾左右而言他、言不由衷的伪君子们更受人欢迎么？然而，任志强却是当下挨骂最多的人之一。只因他时常口出狂言，而且句句雷人。比如“房地产就该是暴利行业”，这不让同行忿恨么？还有“我是商人，不考虑穷人”，“我只为富人盖房子”，岂不又得罪了天下的穷人？怪不得有网友调侃，如果在国内搞一个“谁最该被痛打”排行榜，相信任志强肯定能够排在前三名。是的，在之前，如果要我投票，我多半也会投给他。

作为地产商，任志强说只为买得起房的富人服务，话虽糙，理不糙。然而，作为企业家，你能对买不起房的穷人视而不见、毫无担当吗？幸而，在这篇访谈里，我读到了“任小米”。

今年（2015年）1月，由任志强代言的“任小米”在北京发布。这是一种节水型沙漠小米，产自内蒙古阿拉善，由阿拉善SEE生态协会（任志强任会长）负责推广种植，种植收入完全归当地农牧民，销售收益则全部用于阿拉善治沙。而“任小米”的普及种植，也能有效地改善当地恶劣的生态环境。卸掉华远地产董事长职务后，任志强这两年全身心地投入到阿拉善生态公益事业。从卖楼盘到卖小米，才算完整地展现了任志强作为企业家的人格情怀。面向市场，企业家必须也只能对股东负责，对员工负责，对客户负责，实现利润的最大化，确保企业持续发展。而面向社会，企业家的担当精神，则应该体现在公益慈善事业上，通过授人以渔而不是鱼，来帮助穷人脱贫，来推动社会进步。“任大炮”和“任小米”，都是任志强！

在阿拉善，除“任小米”外，任志强还通过SEE生态协会大力推广种植梭梭树。这也是治理沙漠化的一项有力措施，一棵梭梭树就可以固化十平方米的沙，目前种植面积已在百万亩以上，计划两年内扩大到三百万亩。此举也能有效阻止沙漠东移，并截断北京沙尘暴的源头。

当采访者将“任小米”与“潘苹果”“柳桃”“褚橙”相提并论时，任志强的“大炮”脾性又一次呈现，他斩钉截铁地打断：不一样！“任小米”和“潘苹果”是做公益，“柳桃”和“褚橙”是做赢利。毫不含糊，也绝无妥协。

呵呵，面对这样一个已经退休了的倔强老汉，你不服，还真不行。

救人不丢人

新　功

有些事情颇具戏剧性。

媒体报道：在江苏南通市，有一个男子爬上了建筑工地的脚手架，声称自己被骗得身无分文，活不下去了，要跳楼。一大群警察赶到了现场，有人喊话做思想工作，有人争取做防护措施。但不管怎么劝，那男子根本听不进，情绪越来越激动。情况越来越紧急，只有稳住这个人的情绪，才能防止事态的恶化。简单商量后，在现场的民警你 100 元我 50 元凑齐了 1 万元，交给那个男子。接到钱后，那男子情绪平稳下来。但条件所限还是不好施救，民警只有耐心等待和观察。不料，那男子趁人不注意的时候，带着民警凑的 1 万元钱，偷偷溜走了，消失在茫茫人海中。

于是，就有人说民警这样做“丢人”“笨”。一大群警察在光天化日之下居然被人骗了，他们不该凑钱，不该这样去救人。

的确，这个寻死觅活的人不值得同情，手法卑劣，利用人们的同情心达到了不可告人的目的，连警察的钱都敢骗，人们的愤怒和不理解可想而知。在精打细算的社会，这个人太工于心计，太会伪装了。

这件事，还得区别开来说，骗子是骗子的事，警察是警察的事。

骗子用来要挟的是生命，他已经爬上了脚手架，随时都有生命危险。谁了解骗子的真正用心？谁知他会用这种方式来骗钱？万一他说的是真实情况，万一他真的跳楼，又该怎么办？现实生活中，有些悲剧就是这样发生的。在当时的情况下，警察怎么来得及了解这个人是不是骗子？而警察的职责就是救人，有人要跳楼，警察就要施救。当劝阻无效的情况下，得知这个人是因为被骗才身无分文，那么眼下最大的需求就是钱了。一时之间到哪里去找钱？警察只好自己凑了。事实就是这样，钱到手了，那个人情绪才有所稳定。对症下药，钱的作用这时充分发挥出来了。相形之下，是钱重要还是生命重要？假如用钱可以换来生命，那么警察只能选择这样做，人命关天，非同儿戏。

可以谴责骗子的无耻，但应歌颂警察救人的美德。

生命至上，警察救人不丢人。

圣母般善良的特蕾莎修女

安　青

近日，阴雨霏霏，寒风阵阵，与一朋友在茶楼里喝茶聊天。朋友说，你在《慈善周刊》上写了那么多关于善良的文章，可你知道世界上最善良的人是谁吗？我说我不知道。朋友说，世界上最善良的人是特蕾莎修女。我问：特蕾莎修女是谁？朋友大吃一惊：你连特蕾莎修女都不知道？我说真不知道。一缕揶揄的微笑浮上朋友的嘴角，他说，如果你连特蕾莎修女都不知道，足见你的知识面很不咋的，那么你还有什么资格在《慈善周刊》上写文章呢？说完，便起身扬长而去。

茫然之余，我急忙回家上网搜索，这一搜，我不禁大吃一惊，这个世界上真还有一个特蕾莎修女，而且这个特蕾莎修女的名气之大，竟然令许多世界政要都自叹弗如，特别是她的善心和善行，足以感天动地、永垂万世。不知道特蕾莎修女，确实是我人生中不可原谅的缺失。在这里我要感谢那位朋友，是他的提醒，使我弥补了这个缺失。

不知道特蕾莎修女的人，应该不止我一个，相信许多读者朋友也是闻所未闻。既然如此，我就不妨当一回文抄公，把网上关于特蕾莎修女的资料抄录于后。

特蕾莎 1910 年出生于马其顿，她的父母是阿尔巴尼亚人，她从小深受母亲的信念影响，决心一生从善。1947 年，她来到印度。其时，战乱频仍，居住在贫民区的人生活凄惨。她参与救助了成千上万的难民，而她自己始终过着极其清贫的生活。1953 年，她在加尔各答成立仁爱传教修女会，服务于最贫穷的人，照料伤残孤苦者，收养和教育流浪儿童，探望乞丐及其子女，安置被遗弃、被驱逐者；1954 年，她创建麻风病收容中心；1969 年，特蕾莎修女国际合作协会成立；1985 年，她在纽约建立第一所艾滋病医院；1988 年，为拯救因核意外而受到辐射伤害的人们，特蕾莎向苏联提出申请，促使一所位于切尔诺贝利附近的救济中心建立。渐渐地，崇拜特蕾莎的总统、传媒大亨和工商巨子越来越多，他们不断捐钱给仁爱传教修女会，截至 1997 年特蕾莎去世，修女会已拥有 4 亿多美元的资产，在世界各地开办了 600 所会院，分布于 127 个国家，共有来自 111 个国家的修女修士 7000 多人。

1979 年，特蕾莎修女获诺贝尔和平奖。评奖委员会准备设宴庆贺，特蕾莎要求取消宴会，将餐费用于救济穷人。颁奖仪式一结束，瑞典人大为感动，一次就募集了 40 多万瑞士法郎。1997 年她去世时，她的个人财产只有一张耶稣受难像、一双凉鞋和三件粗布莎丽。

总之，特蕾莎修女把她的一生献给了穷人、病人、孤独者、无家可归者。我想，在这个光明和黑暗并存的世界，特蕾莎修女的故事像是一个邀请，邀请我们选择光明和正义。

慈与悲，何以为怀？

张　弢

最近，又看到了一则令人唏嘘的悲情新闻。

杭州拾荒老人韦思浩，在穿越斑马线时，被一辆出租车撞倒，终致不治，与世长辞。

老人离世后，他的身世被一一揭开：享年 76 岁的韦思浩，是 20 世纪 60 年代的杭州大学中文系毕业生；退休前为中学一级教师；每月退休工资达 5600 元；还有 3 位孝顺的女儿。在世人眼里，他理当有一个幸福而安详的晚年。

然而，这样一位衣食不愁的老人，退休后却执意做出了一个让大家百思不解的选择：起早摸黑，上街拾荒。而且十几年如一日，一根竹竿，两只编织袋，穿行在街头巷尾，流连于垃圾桶旁。

即便如此，老人依然一贫如洗。居住的房子，还是几十年前学校分配的毛坯屋，没有任何装修；家中除了一张木板床，没有任何家具；唯一的电器，是一盏小小的照明灯。还有，他一生没用过手机。

在清理他的遗物时，谜底终于揭开：一大摞捐资助学的汇款单，一大摞希望工程结对救助卡，一大摞受助学生的感谢信，还有一张泛黄的《志愿捐献遗体登记表》。唯独没有一本银行存折！

这位可敬的老人，倾其一生所有，在帮助那些上不起学的孩子，能力是那样微薄，能量却那么浩荡！

2016年3月，中央文明办将韦思浩列入“中国好人榜”。他所在的城市，也在为他众筹建造一座铜像。老人的善行，感动着杭州，也感动着中国。一位网友说出了我的心声：不知用什么语言去形容你的伟大，唯一能做的是继续你的善良。

只是，我还是感到一丝丝悲凉：这样一位慈悲为怀、助人为乐的好人，为何偏偏会碰上车祸，死于非命呢？人们不是常说，善有善报吗？

还有雷锋。雷锋和韦思浩是同龄人，都生于1940年。这位受到全国人民敬仰和称颂的好人，也是因为车祸，英年早逝。莫非善恶有报的古训，其实并不靠谱？

前不久，上海市统计局发布《市民学雷锋意愿调查报告》显示，超六成的上海市民因担心“好心不得好报”而不愿意学雷锋。全民学习雷锋活动推行了50多年啊！这种尴尬和困惑，值得当局者和旁观者一同反思。

看来，我和不少人一样，也陷入了认知误区。也许，王阳明的心学，可以为我们解开心锁。

王阳明认为，人人都是有良知的，这种良知与生俱来，“不虑而知，不学而能”。良知就是一种恻隐之心、慈悲之心、是非之心，它能帮助人们辨别善恶。当我们依照良知择善而行时，内心觉得充实，精神产生愉悦，人格因之完善，生活品质得以提升，这本身就是一种善报。善报是在善行的同时获得，它享受的是心灵的快乐，体现的是生命的价值，与物质的多少无关，与功利的得失无关，甚至也与他人的评价无关。韦思浩老人走了，他的精神长存人间，不也是一种最大的善报吗？慈与悲，何以为怀？由此看来，唯有良知。

“给垃圾洗澡”

新　功

有个中国人初去德国，按习惯，把垃圾随手直接扔进垃圾箱里。可德国人看见了，将垃圾拿回来，仔细分类。把那些脏的瓶子、塑料等硬物，泡在水池里用刷子清洗得干干净净，装好，再提出来放进指定的垃圾箱里。轮到这个人奇怪了，连声问为什么。这才明白，德国对垃圾的分类有严格的规定，并且还有具体要求，比如要将脏的清洗干净。这样，既便于回收，而且也是对别人的一种尊重。

“给垃圾洗澡”，在我们看来是不可思议的事，可别人却做得如此自然。

习惯是养成的，大家都是这样做，自己坚持这样做，这就不奇怪了，体现的是一种素养——做什么事不能图自己方便，还要考虑到别人。

处理得干干净净、分类分得清清楚楚的垃圾当然与那脏兮兮、大杂烩的垃圾给人的感受完全不一样。

千万不要小看这一“洗”的力量。

洗出的是尊严，洗出的是文明，洗出的是教养。

城市开展捐赠衣服的活动，就有不少人把自己穿过的衣服，甚至是新衣服洗得干干净净，叠得整整齐齐后再捐献出来，而不是捞拢一把，随便应付了事。至少考虑到有人可能要穿，这样接受衣物的感觉、心情就会大不一样。

这是个亮点，是种进步。顾了别人的尊严，让别人有种获得感。

慈善公益活动，属于一种救助活动。人们有了难处，希望有人援手。但如果施以援手的人有了施舍的想法、嫌厌蔑视的念头、救世主的姿态，就是做得再好，也可能给弱者造成心灵上的伤害。

见过许多对人不尊重的行为，而且居然有人以此为乐，以为有钱就可任性。

这是对慈善的亵渎，对文明的不敬。

学学人家“给垃圾洗澡”的做法吧，做慈善也应该有这种情操。

至少要懂得如何尊重别人，有些尊重不是以钱以物衡量的，而是发自内心的慈善、同情。或许只是一个微笑，一句问候，释放小小的善意，但这毕竟是真诚的、友好的。

让爱换种方式

新　功

有对夫妻开了家小面馆，生意不大，进账不多，日子过得不算滋润，但也还过得下去，何况这对夫妻本来就没有太多的奢望，知足常乐。有一天，女的不适去医院做检查，竟然查出是癌症。晴天霹雳，祸从天降，平静的生活一下被打乱。必须治疗，可巨额的费用不知从哪里来！消息传开，不少好心人就伸出热情之手，主动为之凑钱筹款，这是人之常情。可是，这对夫妻除了收下问候外，分文不取。理由很简单，不想让大家操心，自己能想办法。话是这样说，如他家这种情况，又能想出什么好办法呢？除了卖面还是卖面，小本经营，苦苦支撑，何时才能赚到治病需要的天文数字？

捐钱被婉拒，而人们的善良仍在。不知从何时起，这家小面馆生意异常火爆，人头攒动，吃面的人排起长队。吃过面后，不少人留下 100 元、200 元在桌上就走。就这样，每天就有了可观的收入，夫妻俩还是想拒绝，又觉得难为情，只好默默地接受了，每天感动得热泪盈眶。

也许，每个人都有需要别人帮助的时候，有时因种种原因不好开口，不愿意接受。如果勉强甚至强迫他们接受，就有可能违背别人意愿，弄巧成拙，适得其反。

遇到这种情况，可以试着换种方式。如同这般，明送钱不要，买面总可以吧！

只要有心，原来可以这样帮。

这帮得更实在。同样是帮人所难，但帮出有“名”。

这帮得更贴心。有时候理解比同情更重要，重要的是考虑到别人的感受，采用了别人可以接受的方式。

这帮得更灵活。不只是简单的救助，互动中多有交流，除了钱物，还有慰藉、安慰。

每个人都会看重面子，哪怕遭了不幸。帮得不对，自讨没趣，还可能伤害别人的自尊心。换种方式，曲径通幽，柳暗花明，皆大欢喜。

看起来，帮助别人还要有心。

湖州的“三力”慈善

新 功

慕名赴浙江省湖州市取经，充分领略了他们的慈善风姿，概括起来，主要是“三力”慈善。

——实力慈善。一个不足 300 万人口的地级市，慈善总会的基金已达 1.45 亿元，全市慈善总会系统的募捐人均 57 元，走在全省乃至全国的前列。2015 年，在经济下行压力持续加大的背景下，市本级共募集 4505.78 万元，比上年增加 7%，其中“慈善一日捐”筹集 963 万元，创历史新高。这一年市本级慈善金总支出 3688.33 万元，受助、受益者 5 万余人次。

——活力慈善。一是体制活。市及县区慈善机构基本独立运行，但基层组织体系全覆盖。村（社区）一级全部成立了慈善工作站，并建立了村（社区）慈善帮扶基金。二是救助项目多元化，与民政局、老龄办、双拥办、总工会、公安局等联手建了慈善助困项目。这些部门的基金全部归集在慈善总会名下，由慈善基金配套使用。三是募捐项目不断推陈出新，开拓了一批募救一体的项目。募捐途径也有了新的拓展，以企业为主，向散户发展，实现了慈善全覆盖。

——魅力慈善。慈善事业已经成为湖州和谐社会建设的重要力量，在全省、全国都有不小的影响，市慈善总会获中国公益组织透明度卓越组织奖。

湖州慈善能够快速发展，除了厚重的慈善文化根基和经济实力外，主要原因还有：

第一，领导的重视和行政的推动。湖州市成立了市慈善工作领导小组，由市委副书记任组长，相关领导任副组长，有关部门为成员，定期研究慈善工作。每年的“慈善一日捐”，由市委、市政府两办发文通知，主要领导亲自带头募捐，乡镇、村（社区）一级的慈善组织全部由行政负责人任领导。虽然市、县区慈善组织脱钩，但党委政府重视的程度高，部门支持力度不减。

第二，先进的、前卫的慈善理念的作用。比如，项目募救一体，调动了部门的积极性，民政、工会、公安、驻军积极主动参与；比如，募集善款向募集闲置、库存、换季货物延伸，以企业为主，向散户拓展，以建立基金为主向“慈善”普及；比如，救助推行项目、联系项目、联动项目、实体项目、亮点项目，异彩纷呈；在全省先开展“慈善一条街”活动；等等。

第三，全慈善组织体系的引领。市、县（城区）慈善总会，人、财、物全部独立，提高了公信力和信誉度，村（社区）一级全部成立工作站，募集的资金除救助外，可以在村（社区）内自主做公益事业，这样，基层做慈善有了空间和活力，积极性空前高涨。

看湖州，想衡阳，慈善工作远不在一个水平线上。我市本级慈善基金不足湖州的零头，基层慈善组织几乎还是空白，募捐手段滞后，救助能力远远不足，任重道远。

早餐奶奶的坚持

新　功

有个叫毛师花的老奶奶，已经有 83 岁了，从 1993 年开始，她就在附近的一所中心小学旁摆早餐摊。

粽子 5 毛一个，蛋饼 5 毛一个，豆浆 5 毛管饱……

不管别人卖什么价，也不管物价如何上涨，毛奶奶卖的却总是那个“5 毛”。

而且，老人家的豆浆，是用石磨自己磨的，蛋饼是土鸭蛋做的，糯米粿是手工包的，所用的材料都是自产食材，坚持手工制作，为的是让孩子们吃得放心。

卖得便宜，容易被同行抱怨，所以老人家做的早餐定量，一卖完就走，尽量不影响别人。收摊前，会将地面收拾得干干净净。

风吹雨打，寒来暑往，老人家早上 5 点会准时出现。

这一坚持就是 24 年。

最便宜的早餐，最放心的早餐，而且还会考虑到别人的生意，注意环境卫生。这些事不算很大，但一般人很难做到。

更难得的是这一做就是 24 年。

这份坚持尤其难得。

毛泽东主席说过：“一个人做点好事并不难，难的是一辈子做好事。”可见“坚持”的不容易。

坚持需要毅力。任何的一丁点儿的犹豫都可能成为退却的“正当理由”，就如这位老奶奶，仅仅凭这把年纪完全可以随时中止。她其间也肯定碰到过不少困难，比如同行的嫉妒和排挤，认为她是在抢生意、出风头。她不这样做，就会风平浪静。可是她不为所动，咬咬牙，风雨无阻，照做不误，一直走了过来。

坚持需要奉献。毛奶奶的坚持，要算经济账，就是明打明的吃亏。自产食材，手工制作，最低价格，到哪里去赚钱？勉强维持就已经不错了。这样的事，老人家却一直坚持做了下来，为什么这样，她就是想让孩子们吃上便宜的“放心早餐”，孩子们也放心到她这儿来买。就这样，她用默默无闻的付出温暖着孩子们以及家长们的心。显然，这种爱会自然地传递和延伸。

坚持需要淡定。毛奶奶这种坚持源自内心，远离功利，淡定而质朴，纯洁而无私。不计较任何得失。卖最便宜的早餐谈不上发财，别人对她的这种做法免不了闲言闲语，飞短流长，甚至恶语中伤，还有亲人的不理解，等等。不在乎，不去想，做自己的事，走自己的路，远离喧哗，心静自然凉。任何的私心杂念，都可能造成干扰，影响情绪，妨碍行为。

我们敬佩毛奶奶的坚持，敬仰毛奶奶的无私。

做慈善公益又何尝不需要这种坚持、这种无私呢？

比如，“慈善一日捐”年年搞，绝大多数人踊跃参与，但也有少数人感到厌烦，甚至排斥，反对。

慈善公益事业是无限的，应当不是做一件几件事就可以，也不是一次可以做完的。

“慈善一日捐”就是要坚持持续活动，鼓励捐献的虽然是物资、金钱等，而更重要的是唤起更多人的爱心，起码知道有这么回事，是怎么回事。

想想毛奶奶的不容易吧！我们去做所做的才会舒坦。

力丰农庄的取与舍

新　功

休闲农庄目前普遍运行困难，处于低潮。不少人把原因归结于公款消费减少，游客数量下降。

乍一听，这种说法有些道理，许多农庄曾经的风光，毕竟大部分是公款撑起来的。如今，这道高压线谁也不敢碰，客源少了，消费少了，繁华不再。

但是，也有例外。别人日子过得紧巴巴，有些农庄还是风生水起，照样红红火火，如同万绿丛中一点红般娇艳夺目。

珠晖区的力丰农庄，无论什么时候去看，总是热闹非凡、人声鼎沸。

这里有自己的产业。几千亩的梨园，其规格是目前全市最大的，品牌是最好的。而且还有山上的养鸡场、葵花园、菜园等。

这里有自己的文化。打造了游客中心、观赏台、演艺中心，而且每年召开梨花节会，吸引成千上万的人来观赏梨花。

这里有自己的特色餐饮。以土为主，以生态为要，保证吃得放心、吃得有味。

我们知道，产业是支撑，文化是灵魂，饮食是特色。这个农庄起步就不凡。但是如此有吸引力，原因还不止如此。

力丰农庄的做法是，先聚人气，再言财气。前些年只有很少的收入，属于亏本运行。

敞开园让人免费游览、观赏。慕名而来的游人如织，尤其是梨花盛开的季节。为了方便游人观赏，力丰农庄特意在几个点搭建了几个观赏台。有人提出要围起来，收点门票，老板不为所动。

梨子熟了，可以试吃试尝，只要你肚皮装得下。然后，自己动手采摘，再低于市价买走。而在梨树挂果的头几年，都是免费运出去，让各方人士品尝。

园子里养的鸡，鸡下的蛋，蔬菜基地产的菜，定期免费送人品尝，贴了物资，还要贴运费。

这样做，开始有人不理解。亏本生意还做得下去吗？事实证明，恰恰是这几招为力丰农庄打出了广告，凝聚了人气。渐渐地，越来越多的人知道了力丰，知道了这里的梨子，这里的产品、这里的环境、这里的特色。

于是，来的人一拨又一拨，梨子紧俏了，其他产品好销了，游玩消费的多了，生意想不好都不行。

这就是经营理念的问题。

欲取先予。生意场上讲的是人气，有了人气才有财气。凝聚人气靠真诚，靠胸怀，靠眼光，当然，还要会运作。

所以，杀出一条血路，众人皆难他却易，明白了力丰的取与舍，一点也不会感到奇怪。

做慈善公益事业其实也是同一个道理。

有种坚守叫奉献

新　功

我国地广但人也多，哪怕是再偏僻的地方也有人居住。

四川省巴中市通江县松溪乡距县城 103 公里，平均海拔 1500 米以上，年平均气温不到 10℃，从当年 9 月到次年 4 月，都必须烤火才能度过。

这样的生存条件尚不至于十分恶劣，对于当地人而言，这算不了什么。

但是对于外地人而言，如果是来旅游，会感到刺激。如果是做客，住上几天会认为新鲜，而如果是长期工作，那就难熬了。

这里办有一所学校，有学校就得有教师，教师得从外地调入。

呆上一年、两年，或许可以过去，三年、五年这日子如何过？

还是在 1992 年的时候，一名男教师和一名女教师结为伉俪，从此就驻守在这里。之后，16 名教师中，有 7 对结为夫妻。

家在哪，心在哪。心在哪，家在哪。这些教师夫妻就默默无闻地坚守在这块偏远贫瘠的土地上，辛勤地耕耘，播种希望。

他们要与恶劣的环境斗争，要习惯枯燥、落寞，远离繁华与热闹，离物质文明远远的。

当然，这些事看起来普通平凡，不足以道，不值一提。

但是，任何人要做这种选择相信都不容易。选择去需要勇气，选择留则需要不少的付出。

比如，青春，事业，享受。外面的世界无疑远比这里精彩。

因此，这种坚守实际上是奉献。

无须轰轰烈烈，要的就是实实在在。

辨善缘

慈善，不应该被拒绝

新　功

面对当今的社会，拒绝什么，接纳什么，每个人都有自己的判断和选择。因为，一旦决定，就意味着担当和付出。

衡阳市“慈善一日捐”活动正如火如荼进行，有那么多单位、企业义无反顾地选择了参与，力所能及地奉献爱心，诠释着一个个感人的故事，谱写着一曲曲动听的乐章。雁城之美，美在善心。

湛蓝的天空飘过几朵乌云，在如此的氛围中，难免会有些杂音，或应付，或拖延，或回避，寻找各种牵强附会、不着边际的理由，即使不能自圆其说，至少还是有个基本的态度，参与了，顶多响应不积极。事情到了这个份上，如同豆腐掉进了灰里，吹不得，打不得，不好说什么，不便说什么。

当有人可能还在议论这本不正常的现象的时候，更令人咋舌的事发生了，有的人、有的单位公然毫不掩饰、毫不在乎、毫不避讳、毫不顾忌地一口回绝：不参与慈善。而这种公开的拒绝是在相关部门反复宣传、相关人员登门耐心做工作之后所发生的，显然这种拒绝是经过“深思熟虑”后的“慎重选择”。

慈善是一种自觉自愿的行为，强迫不得。如今，各种“不慈善”的行为司空见惯，但如此公开叫板，语出惊人，不怕雷死你，怎能不令人震惊？

当然，对慈善敢于说不，总有其认为可以支撑的许多所谓“正当”理由。可以怀疑慈善的诚信，可以列举种种困难，可以强调发展的重要，可以突出情况特殊，等等，不一而足。

任凭“三寸不烂之舌”的一番番表白、一次次解释，在慈善面前都是如此苍白无力。有时连自己都不能相信。你能相信吗？反正我不相信。

慈善诚不诚信，那是别人的事。困不困难，那是无关的事。发展不发展，那是工作的事。特殊不特殊，那是没有的事。如果了解慈善，就会热爱慈善，支持慈善，参与慈善。拒绝慈善，于理不通，于情不容。只是夹杂了私心，裹挟着情绪，只要去找，偏见偏激，就会以为“理高万丈”、心安理得。

“慈善一日捐”，对于每一个人来说奉献的是爱心，对于一个企业、一个单位来说，体现的是责任。我们流动的国土“衡阳舰”，在波涛汹涌的大海上，官兵们虔诚地举行了“慈善一日捐”活动，为家乡奉献爱心；外地来衡阳发展的企业——珠江合创，在“慈善一日捐”活动中创造了全市募捐单笔之最；有一个人，捐献了11万元而没有留下单位名称……或许这些单位、这些人更有理由拒绝，但是他们却没有。

浩瀚的海洋，少了几滴水算不了什么，而宏伟的慈善事业，却需要你，需要我，需要他。每一个人不经意的小小善举，或许会给需要帮助的人们“雪中送炭”，而且可能带给他们命运的改变。慈善为那些被冻住的群体燃起一把火，而拒绝，就会可能使他们陷入失望的冰冷之中，难道不残忍？

这个社会纷繁喧嚣，有太多太多的东西需要我们拒绝。

只是慈善不应该被拒绝。

侃至此，我无语。呵呵。

别拿“郭美美”做挡箭牌

新　功

郭美美，一个曾经普通得不能再普通的人，却因为在网上公然炫耀其奢华生活，并称自己是中国红十字会商业总经理，掀起轩然大波，引起大众对慈善事业的非议，引发对慈善不信任的风暴。这一闹的结果是，有关部门统计，同期社会捐款数降幅达到86%。

一时出现这种慈善坍塌的原因不难理解：你郭美美还不是因为捐款而富？凭什么我们要捐款给你？人们质疑如潮，很自然地把慈善事业与郭美美联系起来，拒绝慈善也就有了正当理由。

不错，郭美美的言行的确可恶。本来现行的慈善业运作就不够规范，管理不够健全，透明度不够高，公信力不够强。郭美美这一闹，如果原来还是雾里看花的话，这下就“真相大白”：原来慈善就是这个样。尽管后来事实得到了澄清，确认是属于恶意炒作，与红会无关，但恶劣的影响还一直在发酵。

不管如何，郭美美都是应当受到谴责的。但是，千万不要以为郭美美只有中国才有。据媒体披露，20世纪90年代，美国慈善业也发生过类似的丑闻。有个叫威廉姆·阿拉莫尼的人出任美国联合慈善基金会的CEO，这个组织从民间募集的捐款高达30亿美元，下辖1300个地区性分会，是全美乃至全球最有影响力的慈善组织，他本人也成为美国的“慈善之王”。事业有成后，他慢慢地显露出人性的弱点：好色。与基金会多名女员工有染，利用 CEO 的身份，向与他发生关系的女员工提供金钱或者职务上的好处，同时打压或调走那些不从的女员工。在结识比他小 42 岁的小情人后，他对她比对过去任何情人都更加疼爱，在慈善总会给她安排了一份清闲工作，还带她四处旅游，住豪华酒店，买多种奢侈品，还拿出巨款为她购买和装修一处高档公寓。这一切开支高得惊人。无奈之下，他通过情人秘书对账户做手脚，把开支账单里的情人名字换成客户的名字，并把他送给情人的贵重礼物等一应开支都算在基金会的账上。事情败露后，他被判入狱 7 年，罚款 30 万美元。无疑，这么一来，当时美国的慈善业也受到了一定的影响。

哎呀呀，举这个例子绝对不是拿美国的“郭美美”来掩饰我国的“郭美美”——连美国这样发达的地方也发生这样的丑闻，似乎在我们这样欠发达地区发生这样的丑闻就可以理解。这样说的意思是，洋“郭美美”和土“郭美美”一样的令人讨厌，但是这样的事情这样的人却并不因为讨厌而不出现。我国有，外国也有。过去有，现在也有，将来还可能有。我们所能做的努力，就是尽量避免或者减少此类现象的发生。

“郭美美”的事不应该发生，但发生了就发生了，也不必大惊小怪。而为什么会风起云涌，持续发酵？从心理学的角度讲，是一旦关注某件事，就会集中全部注意力，把这事无限放大，而忽视其他。大家难免会想：有了一个郭美美，背后还有多少个“郭美美”？慈善业好像都是郭美美，所以“洪洞县里无好人”，慈善业一概不相信。

慈善是公众的事业，需要公众的参与，当然是要建立在公信、诚实、阳光的基础上。人们有权力质疑，更应该强化监督。对“郭美美”的现象怎么批判都不过分。但是，如果一谈到慈善脸就变，统统划入“郭美美”之流，嗤之以鼻，不屑一顾，一概拒绝，似乎看起来“理高万丈”，实际上有牵强附会之嫌。

一码事应归一码事。郭美美是郭美美，你做慈善是你做慈善。做慈善是完全自觉自愿的，没有人能勉强你，你不做自然有不做的理由，但不能将原因推到“郭美美”身上。如果你选择了做慈善，也就有权选择监督，防止“郭美美”事件的发生，这是慈善参与者共同的责任。

“郭美美”事件挑战了人们的信任底线。公信力是慈善机构能否获得足够社会支持的根本，也是慈善机构的命脉所在。慈善机构当然要吸取“郭美美”事件的深刻教训，致力于提高公信力。但那是慈善机构的事。慈不慈善、捐不捐款则是你的事，可以诅咒郭美美，却不要拿“郭美美”事件作为不参与慈善的挡箭牌。

“倒洗澡水时，不能把孩子一同倒掉。”出了个郭美美，但绝不能因此全盘否定慈善业，动辄拿“郭美美”说事。

诚信缺失的苦果

张　弢

若要行慈善，先得说诚信。锵锵！

10年前，我写过一篇《愚人节里说愚话》的文章，论述愚人节是诚信社会的节日，而在诚信文化暂且缺失的中国，完全没有必要移植这个洋节。今年愚人节，一件发生在身边的小事，再一次佐证了我的观点。

我的一位新结识的朋友，开着一家餐馆，4月1日清早在朋友群（我也加入了这个群）发微信：今天是我的生日，晚上请大家来餐馆小聚。接下来，他收到一连串回复。有说，鬼才信；有说，讲你生日，与张国荣还活着一样的感觉；有说，我已经在路上了；有说，我为你订了一个2.8米的大蛋糕；有说，我会带着楼梯来吃蛋糕；有说，一群骗子……到了晚上，竟没有一位客人来赴会。这位朋友只好将自己的身份证晒出来，果然是4月1日。接着他在微信中悲叹：只怪我生不逢时啊！

这还是在朋友圈里一则苦涩的笑话。据社会学家宣称，中国已经从熟人社会进入陌生人社会。诚信文化的缺失，更是让我们每一个人都备受其苦，防不胜防，烦不胜烦。而它对慈善事业的伤害，尤为痛切。现代慈善事业，说抽象点，就是陌生人（施助人）通过陌生人（慈善机构）去帮助陌生人（受助人）。爱心和诚信，是慈善事业的灵魂与根基。可是，我们的社会教育，却处处在营造着“戒备陌生人”的氛围！小孩被父母叮嘱，不要与陌生人说话；学生被教师告诫，不可跟陌生人玩耍；老人被儿女劝导，不能为陌生人开门；银行告示客户，不要给陌生账户打款；车站通知旅客，不能为陌生人看护行李；警察提醒市民，不要和陌生人搭讪；等等。人们的爱心和诚信，就在这样的警示环境中一点点被封闭、被冻结、被扭曲。据中国社科院最近发布的蓝皮书称，中国社会的总体信任已经跌破60分的底线，7成以上的人不再相信陌生人了。在这样的社会氛围里，我们的慈善事业，能不格外地艰难么？

当然，慈善机构这个陌生人必须注重诚信建设。一个陌生的“郭美美”，就让堂堂的中国红十字会陷入失信的泥淖而不能自拔，这个教训已经够惨痛了。我甚至以为，慈善事业的兴衰，首先并且直接与慈善机构的公信力强弱相对应。

但是，我还是要说，在陌生人社会里，个人的诚信品质才是更为重要的。现在的误区是，我们都认为自己是讲诚信的，不讲诚信的是别人，尤其是陌生人。可是如果在生活中，你将每一个人都当作“贼”一样来戒备，就不能阻止人家也把你当作“贼”一样来戒备。而大家都在戒备中交往，个人的诚信品质就一定会出现缺失或污染：“为防止上当受骗，我也不能太诚信了。”这种心态，便是王阳明先生所说的“心中贼”了。而如果每一滴水都带有一点点污浊，我们能指望整条河流洁净吗？

诚信的缺失，已经让我们无一幸免地尝到了苦果。但是不要抱怨，也不必阿Q，浇灌这棵苦果树的人，说不定就是我们自己。

孟子有句话：“反身而诚，乐莫大焉。”说得很在理。我们每一个人都从自己做起，修行诚信品质，将心魔驱去，让良知呈现，如果人人都来用功，或许能将苦果修成正果呢！

慈善不是“自娱自乐”

新　功

陈光标又爆料了：他参与冰桶挑战，浮冰之下却是50℃热水！事发之后，他一句话轻飘飘带过：当时只不过是想开个玩笑而已。

做慈善本不应该受到指责。陈光标的捐款总额已达20亿元，被称为“中国首善”。头顶上有着一圈圈耀眼的光环。“高调行善”更是夺人眼球，备受争议。慈善怎么做，做多做少，做不做，那完全是他个人的事。但是，这个玩笑还是开大了。

做慈善要有敬畏之感。不错，那些需要救助的人看起来是可怜的弱者，迫切需要各种救助。但是，这些特殊人群的人格是平等的，同样应得到尊重。不援手，也可以选择其他的方式救助。但必须实实在在，切不可藐视、俯视、有钱就任性，你可以“作壁上观”，率性所为，随心所欲，甚至造假，糊弄别人。这样做，是你根本没把别人放在眼里，把神圣的慈善当成了儿戏。除了肤浅、浮华还能说明什么？

做慈善要有虔诚之心。慈善是缘于同情，同情要出自内心。不可掺假，不能勉强，不要作秀。“心诚则灵”，做慈善，是真情流露。每次善举，都是神圣的行为、善心的传递。只有这样，才会让受助者认为实在，享受到快乐，体会到温暖，从内心里感动。而这又是一种快乐的互动。虚情假意，私心杂念，糊弄了别人，也降低了自己的人格。

做慈善要有自重之意。帮助别人，其实是在帮助自己。捉弄别人，如同在捉弄自己。比尔·盖茨夫妇从事慈善是为了人类的尊严和平等。“人生而平等，我们希望别人怎么对待自己，就应该怎么对待别人。”真心付出，才能获得真情的回报，爱心也才能传递。人生无常，世事难料。如果有一天你也需要别人的帮助时，面临的是嘲笑、讥讽、不以为然，那你又是怎样的感受？人之相知，贵在换位思考。何况，有时候帮助了别人，其实也是在帮助自己。有一支考古队，踏入大沙漠，发现了一具具残骸。他们虔诚地将其一个个掩埋，做好标记。有人当时不理解，而后来迷路了，恰恰是这些他们亲手做的标记成为路标，帮助他们顺利走出沙漠，让他们逃过一劫，“善良就是自己的指路牌”。

有些玩笑开不得，有些玩笑开不起。比如涉及人格、尊严的玩笑。慈善献出的是爱心，慈善是帮人之难。不管怎么做，也不在乎帮多帮少，但一定要在状态，不能有病态，慎重对待，善待他人。

有钱可以选择任性。但慈善不是简单的娱乐，应该是阳光灿烂而又诚惶诚恐，避免拿别人不当回事，对慈善不以为然之嫌。

把慈善当娱乐，有时比不做慈善更可怕，那是道德良知的塌方。

假如都按你说的办

新　功

首都，被网友戏称为“首堵”，车位不好找。一辆私家车违规停车，被一名中学生发现了，用手机拍摄了现场。车上的几个大人发现后，群起而攻之：你傻呀！这个事警察都没管，你瞎操什么心？掷地有声，义正词严，理直万丈。

这样一说，事情就完全颠倒了。好像错的不是违规停车的，而是用手机拍下来的小孩子“不懂事”。

是呀！这个年头容易混沌、迷茫，连自家“门前雪”都懒得扫，哪还有心思管他人“瓦上霜”？这车违规停就停了，警察没发现，就处罚不了。你这拍照不就留下了证据？没事找事，不关你事，是不是存心跟人过不去？

这些人说的意思再明白不过，不要去拍违规停车的照，不要管闲事。

这样做的直接结果是，违规停车不仅可以避免处罚，而且还不用担心别人的指责，岂不是“好事一桩”？

这样说来，这孩子的确是“傻子”才多此一“拍”！

按照这些人说的去办，的确可以省去许多麻烦。因为生活中不可避免地随时可以碰到类似的事，只要不关我事，就不必去管。看见当“瞎子”，听见当“聋子”，切莫当“傻子”。

看见有人倒地了，不必去扶。又不是你撞倒的，扶什么扶？没准一扶就脱不了身，惹祸上身。

看见有扒手在偷别人钱包，不必去制止。又不是你什么人，也不是偷你的钱！喊什么喊？没准一喊还会被倒打一耙。

看见有人在欺侮人，就是打人、杀人，也不必挺身而出。又不是打的你，也没杀你，帮什么帮？没准一帮就脱不了干系。

看见有需要帮助、救济、施以援手的，募捐、慈善什么的，不必心动。又不是你有什么难处，动什么动？没准一动，还没完没了。

……

凡此种种，事不关己，高高挂起。

只是这样做的后果，不可思议，惨不忍睹。的确，不用人教，有人已经在这样实践着。

广东佛山一小女孩被车轧，血淋淋的场面没有留住 18 个路人的脚步，不治而亡。

扒手、小偷肆无忌惮地猖狂，如入无人之境，就是希望没人管。

坏人作案，路人选择沉默，流血还怕流泪。

一些地方慈善风气总浓不起来，许多人冷漠、拒绝，不以为耻、反以为荣。

……

违规停车受不到处罚，那就会有更多的违规停车。

许多这样本应做的而不去做，本应该说的不去说，都选择视而不见的沉默，听任为之，必然结出一串串苦果。

“破窗理论”告诉我们这样一个事实，反正车窗玻璃破了，破罐破摔，谁都可践踏，为什么我不可以？

这样，臭的不臭，香的难香。正义难以得到匡扶，歪风邪气甚嚣尘上。你不管不说，别人也可以不管不说，听之任之，反正你也不是妖怪，我也不是妖怪。

假如都按这些人说的办，只能是这种结果。使人几乎要分裂：什么是对，什么是错？什么是坏，什么是好？什么是聪明，什么是傻瓜？什么是雅，什么是俗？

人之一生，一帆风顺、心想事成只能是愿景。一些倒霉的事假如发生在自己身上，你又将如何？有没有想到，今天你放过了别人的违规，有一天你将成为违规的受害者？你对坏人手下留情，没准下一个被害的是你。你今天帮了别人，有可能是在帮自己。

抱怨人心不古、世风日下、风气不正，总是有其道理。有没有想到自己事到临头，又做得如何？许多的事，关系到别人，自己同样也有关系。

任何时候，该说的还是要说，该做的还是要做。

这样的小事可能不起眼，甚至一时还感受不到好处，但是点点滴滴才能汇聚成强大的正能量，正气占了上风，社会风气才可能慢慢好转起来。

拍下违规照片的这个孩子本来是纯朴的、正义的，无端的指责伤害的不仅仅是他个人幼小的心灵，还可能扼杀那份稚嫩、脆弱的正直。按这些人所说的去办，长大以后将会是啥模样？这后果很令人害怕。

这个社会不缺思想者，而缺行动者；不缺批评者，而缺自责者。

凡是涉及个人利益时最容易暴露人性的丑陋的一面。

自己庸俗不堪，还不知廉耻地按自己想象去批评别人，甚至企图影响别人，这不止是无赖。

有一种“善”不可行

张　弢

最近一段时期，在衡阳街头，出现了一道不雅的景观：不少繁华地段的十字路口，常见衣衫褴褛的乞讨者，多为妇女老人儿童，穿行于车流中，挨个地向停靠在红灯前的车辆敲窗伸手乞讨。而且我注意到，这些乞讨者都操相同的口音，同时出现，同时消失，站位有序，行乞有方，给人以有组织、有管理、训练有素的感觉。看来行乞者的背后，应该有人在操纵，并以此牟利。

在滚滚车流中穿插，对于行乞人，该有多大的危险系数！对于行车人，也是严重的安全隐患！这种要钱不要命、害己又害人的乞讨，理应受到大家的一致抵制。然而我还是很遗憾地看到，有人摇下了车窗，匆匆地递出了零钞。而这种不恰当的施舍，并不是行善，却是这种丑陋现象难以禁绝的主要原因。

我并不否认这些街头的行乞者中有应该得到社会扶助的弱势群体；也毫不怀疑那些施舍的行车人是富有爱心的慷慨人士。然而我还是要冒昧地指出，这种爱心的表达是愚昧的，它没有善缘，也结不出善果。这样的行善，也许在养懒，可能是助恶，多半会致祸，甚至要伤命，总之有百害而无一益。近日网曝北京地铁上一位行乞者讥笑执勤警察：我每天收入 670 元，你一小警察累死累活挣了多少？真不知那些施舍人听了，会有怎样的感受？

行善是需要智慧的。中国有一句古语：授人以鱼，不如授人以渔。西方也有一句格言：行善的最高境界不是施舍而是引路。这里与大家分享一则真实的故事：在卢旺达，一位中国义工和一位美国义工负责运送一车救援物资去难民营，一群瘦骨嶙峋、衣不蔽体的黑人小孩围了过来。中国义工心头一热，拿了物资就要分发，却被美国义工制止了。美国义工对孩子们说：你们能帮助卸车吗？我们会付报酬的。于是孩子们一拥而上，参与了卸车，每个孩子都分到了一份救援物资。车卸完了，又来了一个孩子，见无货可卸，有些失望。美国义工对他说："你看，大家都累了，你能为我们唱一首歌吗？你的歌声会让我们快乐。"这位孩子唱了一首当地的歌，也同样分到了一份物资。事后，这位美国义工对中国义工说，这里的孩子贫穷，不是他们的过错。可如果我们轻而易举地把东西给他们，让他们以为贫穷可以成为不劳而获的理由，因而更加贫穷，这就是我们的错了。这则故事，值得我们每位爱心人士品味。

衡阳正在争创全国文明城市，作为20年前的市文明办主任，我为此感到鼓舞。美好的家园需要全体衡阳人参与营造和维护，而对于这种大煞风景的红绿灯下的乞讨，我们只要不回应，不施舍，不摇下车窗，让行乞者一无所获，这样的行为就难以为继，也许就能够有效阻止。所以，有时候，不作为，一样也是行善。

有些花开不曾看见

新　功

张弢先生的《有一种“善”不可行》文章中，提到了一种较为普遍的乞讨行为，即在十字路口，有人拦车乞讨，有人施舍。他指出这种乞讨“要钱不要命”，害己又害人，理应受到大家的抵制。进而指出这种施舍“不恰当，并不是行善”。这种爱心的表达是“愚昧的，它没有善缘，也结不出善果。这样的行善，也许在养懒，可能是助恶，多半会致祸，甚至还要伤命，总之有百害而无一益”，甚至“是在‘红绿灯下乞讨’这种丑陋现象难以禁绝的主要原因”。因而提出“有一种善不可行”。意思很明了，拦车乞讨是丑陋现象，响应这种乞讨的施舍不可行，如行了这种善，还会结出恶果。

诚哉斯言！拦车乞讨的人群，并不一定都是弱势群体；拦车乞讨的行为，是一种严重影响交通安全和城市文明的现象。只有不施舍，一致抵制，才能禁止这种丑陋现象。

相信有不少人有过这样的“曾经”，也对拦车乞讨的现象看不惯。但有时又情不自禁地施舍，下意识地行了张弢先生认为不可行的这种“善”。那么我们是否因为“不恰当”“愚昧”，甚至衍生种种恶果而懊悔和自责呢？

有些花开不曾看见。慈善事业不是富人良心发现时的施舍和恩赐，而是每个人从内心深处发出的对他人的同情与关爱。行善源于自己的心，善良比真假重要。换句话说，我行善与真假无关。

有时候，我们的确无法知道自己的善意将开出什么样的花朵。比如说，对拦车乞讨者的施舍，可能会催生这一丑陋现象；对一些以敛财为目的的假乞丐施舍，可能也会助长这一产业的形成。但是，那些事似乎应该是别人的事，行不行善是我的事。如果一开始就持有怀疑的心态，去选择和甄别，不但是一种尴尬，而且难以办到，甚至可能曲解慈善的本意。我们可以要求文明乞讨，不搞不当乞讨。但是不能因此而中止自己的行善，扼杀内心的善意。有时候，行善是来不及“开启智慧”的。

因为我们可以相信，我们的善意有人知道。可能有时施舍给了嘲笑警察工资还不如自己乞讨每天有670元收入高那样的乞丐，也可能助长了拦车乞讨者的懒惰，但是终究还是会使真正需要救助的人受益，我们的一个善举可能改变了别人的命运。拦车乞讨的人群中，应该有人是迫于生计，可以批评这种行为的不当，但不能忽视他们困难的窘态。用这种不当行为得到的施舍至少让真正需要的人解燃眉之急。如果路人选择了放弃施舍，那么那些真正需要救助的可能是“颗粒无收”，只能是失望。

因为我们相信，我们的善意内心知道。我们每天忙忙碌碌，喧嚣浮华，躁动不安。而可能随手仅仅只给别人一块钱，一个不在意的举动，就从别人的眼里看到了感动而心淡然。带着温暖与爱同行，知道自己这是在做什么，明白这是为了什么。爱心可以感动自己，同样可以传递，就不会在乎什么，质疑什么。只要爱心已经付出，就帮助了别人，改变着自己。

因为我们相信，我们的善意时间知道。一种良好风气的形成，一种良好习惯的养成，都是需要时间的。我们这样做，一时看起来可能无足轻重、无关痛痒，看不见，摸不着，改变不了什么。但岁月走过可以留痕，坚持着做，相信时间可以证明一切，善可延伸，爱会发酵。更多的人参与，当然会影响更多的人，蔚然成风的善与爱，不时改变着你，改变着他，改变着我。那么，善意毫无疑义地催生着个人良好习惯的养成、社会良好风气的形成，种种不文明的丑陋现象就会大大减少。

春风化雨，润物无声。慈善的力量就在潜移默化的点滴之中。

怎么批评拦车乞讨的行为都不过分，却不应该成为拒绝行善的理由。

善缘还是要的

张　弢

拙文《有一种“善”不可行》刊发后，新功先生写了一篇《有些花开不曾看见》的文章来“PK”我。在文中他认为，尽管这种在红绿灯路口拦车乞讨的行为“怎么批评都不过分”，但“那似乎是别人的事，而行不行善是我的事”，所以“不能因此而中止自己的行善”，因为“有时行善是来不及‘开启智慧’的”。读完以后，我松了一口气：我俩的观点并没有针锋相对水火不容，而是仁智互见，各得其理，所谓“横看成岭侧成峰”而已。能有这等争论，岂不善哉善哉！

不过，我还得维修一下我的观点。

毫无疑问，慈善最重要的是要有善心。一般来说，有善心（心即理），就会有善行（知行合一），有善行才会有善果（致良知）。可是在现实生活中，却常常会出现有善心也有善行，可就没有善果的事儿。举个例吧——

我的朋友王靖先生（呵呵，正是《慈善周刊》的责编，别删我的帖哟）前不久碰上一桩事：就在慈善总会门前，一位穿着入时、开着豪车的外地男子向他求助，声称自己钱包掉了，没钱加油，向他借钱。同时递上自己的名片，某某省某某公司董事长。王靖不假思索，当即掏出几百元给对方。过了一会儿觉得不对劲，遂按名片上的手机号码拨过去，显示为空号……事后一打听，碰上同类骗局的朋友还有好几位。你看，善心被骗子利用，善行却换来恶心。这种苦果，估计不少人都品尝过。而且我相信，假如王靖（也包括我）再碰上此类求助者，不管对方是真是假，都不会解囊相助了。

如此说来，有善心，有善行，并不见得就有善果。我琢磨了许久，还得加上一个条件：要有善缘。

善缘，原为佛教用语，指与佛门的缘分。延伸到慈善上，便是行善的缘由与价值：一个陷入困境的人，得到了他人的及时救助而渡过难关，这是一种善缘；一个有爱心也有能力的人，帮助了真正贫穷困苦的人并因此感到愉悦，这就是结了善缘。因此也有人定义：善缘就是能使自己身心快乐的条件。要是没说清楚，我再举个反例：假如有人在路边向您求助，说他的自行车坏了，想换一辆奔驰轿车代步，还差点钱。您会施舍吗？如果施舍了，您会愉悦吗？这样的施舍，就叫作没有善缘，也不会有善果。

由此，对于在红绿灯路口拦车乞讨的行为，或许“怎么批评”也不能禁绝，可如果大家都不摇下车窗，没准几天就没了踪影。此处不施舍，是为了让求乞者不必冒着生命危险行乞，善莫大焉。

看来，行善还是不能盲目，除了有善心，还得广结善缘。

一“索”就变味

新　功

这个年代，自杀也是司空见惯了。肯定是无奈的选择，都有各自的缘由，一了百了。英国有位92岁的老太太跳桥自杀，令人唏嘘不已，不仅是年事已高，重要的是她是因为被“索捐”，不堪重负，不能忍受而死，“索捐”而“索命”。

“索”者，索取也。“捐”者，捐献也。“索捐”，就是向别人要捐助，怎么着都有点强迫的意思。非给不可，不给不行。

英国的这位92岁的老妇人名奥利芙，毕生行善，从16岁开始，一生都没有间断，连自己的退休金都捐出去了。而因为知道她行善举，不断有人打电话、写信、上门请她帮忙筹款、捐款。老人一个月大概收到260封求助信和一些骚扰电话。而正是这些无休止的索取令老人不堪重负而选择结束生命。

索捐，特别是恶意索捐，似乎已经成为一种现象，屡见不鲜。不少爱心人士都有此遭遇，甚至为其所困，苦不堪言，给家人及自己工作和生活带来巨大压力。怀揣“中华慈善事业突出贡献奖”等40多个荣誉称号的青岛“慈善大王”王明殿自出名后麻烦越来越多，最多的一天有12名“索捐”者，当“索捐”不成后，他遭受了各种污辱。一位妇女没有达到目的后，守在王明殿门口声嘶力竭地哭喊。

“索捐”者中，尽管有不少人是走投无路陷入困境所迫。但是也不排除有人借机敛财，但是不管何种原因，那都是你自己的事，从严格意义上讲，与别人至少关系不大。

慈善，不是每个人的义务，完完全全出于一种自愿，有正当的选择权。索求慈善，也不是每个人的权利，别人主动给了可以，但是没有权利强要。这一“索”，就使慈善变了味。

这样，把慈善的自愿变成了义务，把接受变成了权利，把慈善绑架在道德的战车上，也是对慈善的恶意透支和勒索。伤害的首先是做善事的人。有人倾其所有，好心好意帮助别人，结果还不能正常生活，有的还落了骂名，里外不是人，“流血还流泪”，不得已走上绝路。世上还有比这不幸的事吗？

如此，影响的是整个慈善事业。听着心痛，看着心寒。多一事不如少一事，“人怕出名猪怕壮”，于是，有人选择不做慈善事业，惹不起，躲得起。慈善冷，冷得有其道理。

这既是个别人道德的缺失，也是社会的悲哀。“劣币驱逐良币”，需要救助的也被忽视。

也有人以此做挡箭牌，堂而皇之宣扬着自己不做慈善的行为。

有时候，有人选择沉默当然有其道理。

有心做点好事也委实不易。

小心，别为鬼推磨

张　弢

最近，又看到一则让人恶心的新闻：上海一大妈为宠物狗办丧事，租用百万豪车做灵车，置办了迷你棺材，悲痛欲绝如丧考妣，甚至还请来寺庙和尚为死狗做超度法事。有两处画面尤其刺眼：一幅是4名系着黑领带、戴着黑眼镜的工作人员抬着狗棺材上灵车；一幅是一群身穿袈裟的和尚围着狗头像在合掌念经。然而，在我眼里，怎么看都像两幅“推磨图”。好像那一天，正是中元节。

我留意了一下，在网上，几乎是一边倒地对上海大妈进行了谴责和嘲笑。其实，这位大妈何错之有？她不过是花自己的钱，按市场规则，办自己的事，并没有伤害他人啊。我认为，真正应该受到谴责的，是那些蓄意炒作的商家与媒体。

在这则新闻的后续中，商家露脸了——承办这场狗葬礼的某网店店主侃侃而谈，说随着人们生活水平的提高和对宠物的人道关怀意识增强，宠物服务市场包括电商平台正在兴起。接着，有“业内人士”背书，声称北上广深杭已经迅速接受了网络宠物服务这一新生事物，而且中国的宠物服务市场潜力巨大，有望迎来爆发，直达数千亿人民币。再后，有专家出来举证，美国的家庭宠物服务年销售规模达550亿美元，日本达150亿美元，而中国一线城市还不到70亿人民币云云。还有上海某卫视更让人跌破眼镜，新闻标题直接使用广告语：“宠物殡葬服务悄然兴起，收费500至

9000元。”至此，我们又一次朦胧地感受到金钱（资本）那无所不能的魔力，以及它的可恶和可怕。

想必大家都见识过诸如君子兰、普洱茶、藏獒，还有“蒜你狠”“姜你军”“豆你玩”之类的资本炒作闹剧，有多少人深受其害！现在它又将眼光盯上了宠物，而且活的死的都要一网打尽。这则新闻，也许就是开启又一出忽悠序幕。

中国有句古话：“有钱能使鬼推磨。”仔细一品味，还真是一句苦口良言。这句话从另一个角度提示我们，人应该成为金钱的主人，驾驭它，利用它，来为自己效劳，从而实现人生的目标。可是在拜金主义大潮的冲击中，不少人（包括一些“公知”）的价值观发生迷乱，直接将这句话变更为“有钱能为鬼推磨”，活生生地成为金钱的奴隶。为了金钱，将人格贱卖，把灵魂丢失，可是这样被金钱奴役的人生，还会有什么价值呢？真想给他们一句劝诫：在天理面前，还得心存敬畏，勿将良知泯灭，千万别为鬼推磨啊。

别人的假与我的真无关

新　功

他匆匆赶路。

一辆豪华小车紧挨着他停下来。车门打开，走下一个面容慈善的中年人，走到他身边，面带难色地说："我是外地人，开车到这里办事。不小心证件、钱包都丢了。车子开到这刚好没油了。可否借点钱给我先加点油？我好去找人联系。一旦联系上再还给您。"

他一时有些发怵。看看车，是宝马，牌照的确是外省的；看人嘛，穿戴整齐，言行有礼，不像什么骗子。看着他怀疑的目光，那人赶紧拿出手机："不信，您打我电话，我随时跟您保持联系。"他按对方报的号码试着拨了下，通了，果然也是外省的。

这样一来，他心软了，相信了。心想，开这样的车，这样的人，不至于要骗这小小的钱。可能真的是遇到特殊困难了。没更多考虑，拿出500元递过去："先加油吧，先解燃眉之急。"那人接过钱，千恩万谢，打躬作揖告辞："到时电话联系，我把钱还过来。"临行前丢下这么一句话，说得他心里暖暖的。

做了好事觉得心情舒畅，轻快地走进办公室，忍不住把刚才发生的一幕说给同事听。众皆哗然："傻呀！这人肯定是骗子！""怎么会呢？开这么高级的车，一脸的善相，虔诚的态度，有这个必要吗？"他反驳。"哎呀，你爱信不信。你再打那个人的手机试试。"有人提议。他蛮自信地拨过去，果然关机。

本来愉悦的心情刹那糟糕透了，就如同晴朗的天空忽然飘来满天乌云。

众人七嘴八舌。“这年头，骗子太多，谁都不要相信。”“你居然这么好骗，雕虫小技就中招，糊涂。”“钱多了，没地方花，出这个冤枉钱。”

他一时无语。听着同事们的议论，想着自己的心事。

仔细回放事情的经过，的确那人有许多疑点。

而自己为什么又那么轻易相信了呢？相信那车，相信那事，相信那人，总以为有道理。如此包装，为骗那区区几百元有那个必要么？

而事实上，正如同事们分析的，完全有这个可能，而且，那该死的手机的确是关机了。

是自己错了吗？却怎么也说服不了自己，怎么找，也难以找到支撑错的理由。

而万一那个人是真的遇到了困难呢？那不就帮对了？

即便那人是作假，但我却是真心真意。

善良是人的本性。怎么做是每个人自己的事。每个人都应保持这份善意。重要的是把善心送达，至于别人怎样其实与自己无关。

想到这，他释然了。阴霾一扫而光，微笑又回到了脸上。

今后，再遇到这种求助，他可能还会这样相助。

切不可把右脸也伸过去

张　弢

新功先生在《别人的假与我的真无关》一文中，讲述的是一则真实的故事：我们的一位朋友，在路上遇见一个衣冠楚楚、驾着豪车的外地人向他求助。声称自己钱包丢了，要借点钱加油，回去就还。朋友不假思索地拿出几百元钱给他。事后却证实这是一个骗局。行善的碰上个行骗的，朋友当然不爽了。可新功先生为朋友做了一个分析："万一那个人是真的遇到了困难呢，不就帮对了？""即便那人是作假，但我却是真心真意。""重要的是把善心送达，至于别人怎样其实与自己无关。"于是朋友释然，"微笑又回到了脸上"。

我也很赞同这个分析，朋友应当问心无愧，至少不必为此纠结。可新功先生接下来的一句话："今后，再遇到这种求助，他可能还会这样相助。"却是我断然不敢苟同的。

《马太福音》里，耶稣教导信徒："有人打你的左脸，你要把右脸也伸过去由他打。"我认为，这绝不是一种仁慈与宽恕。别人打你左脸是作恶，你把右脸伸过去就是助恶，而不是行善了。或许耶稣没有错，但他的结论也是根植于他那个时代，那个社会。两千多年前，你把右脸伸过去，对方多半会良心发现，不仅收手不打，而且握手言和，说不定还把自己的脸伸过来。可现在，你试试？保准又是一串耳光，两边脸一起肿！

因为，当今社会，东西方一样，都有一些人，唯利是图，贪得无厌，已到了良知完全泯灭、底线彻底崩溃的地步。损人利己已经成为他们乐此不疲的追求，骗子就是其中的一类。这些年，在我们身边，各类骗局五花八门、千奇百怪、层出不穷、防不胜防，几成井喷状态，而且与时俱进，早已跨入“互联网+”时代。以前是装穷骗，现在是炫富骗；以前是骗贪小便宜的人，现在是骗有爱心的人；以前是个体行骗，现在是团队行骗；以前是一次骗一两个人，现在是一次骗千百万人。对于这样一种越来越膨胀的“恶”，如果我们指望用“善”来感化，让他们良知呈现，从而洗手不干，只会是一次又一次受骗。耶稣要是天国有知，也该修改他的“箴言”了。

所以，你行你的骗，我行我的善，别人的假与我的真无关，从各自的范畴讲，不错。可如果行善的碰上了行骗的，行骗的骗上了行善的，这里就有一个正义与邪恶的较量了。善，应该成为恶的克星，而不是福星。真，理当打假，而不能被打，只有识破骗术，揭穿骗局，让骗子无法得逞，乃至无地自容，或许才能有所收敛，由此避免更多的人受骗上当。此时之善，善莫大焉。此处之真，真尤美也。

否则，我们的右脸也会挨打！

你有拒绝的权利，却不可漠视应承担的责任

新　功

劝募是一件令人难堪的事。

往往会真正明白，什么叫“门难进，脸难看，事难办”。总是有的人、有的单位能躲就躲，能推就推，像防“叫花子”一样“围墙”高筑，水泼不进，态度那样生硬、粗暴，不可思议。

当然，拒绝的理由一套套。

“不是不捐，而是不放心”“个人困难，企业不景气”“可以直捐或者选择其他方式，那是自由”“募捐不能强迫，不能摊派，要自愿”……如此云云。

说得坚挺，“牛都踩不烂”，冠冕堂皇，不好反驳。

这样一来，理直气壮堵住别人的嘴，反正就是一毛不拔。

是的，别人不好说什么，又能说什么？

慈善做与不做，的确不能强迫，完全出于自愿。任何单位、任何个人都有拒绝的权利。

只是不捐的有理，劝募的无言，还摊上个莫名的难堪。

这种权利不好侵犯，别人也不会去侵犯。

然而，在大讲特讲权利的同时，有没有想到责任？

社会责任，是应共同承担的。无论单位与个人，无关富裕与贫困。

所谓社会责任就是通俗意义上的承担责任，比如一个企业，就包括企

业环保、安全生产、社会道德以及公共利益的范畴。

慈善事业应该属于社会道德、公共利益的范畴。

由此推之，履行社会责任就应该包括慈善事业。如此，慈善就不能拒绝，拒绝就是漠视。

就有那么一家大型企业，据说这种事从来就是亮着红灯，从未参与过一次公益活动，从未拿出过一分善款。哪怕是富得流油，赚个盆满钵满的“黄金季节”，也不会掏出一个子儿。

老板知道别人不可能抢。但是想过没有，企业是赚的谁的钱？比如一个大的商场，没有了顾客能生意火爆么？

总有一些弱者需要同情，总有一些困难需要帮助。谁又能说自己没有这个责任？

你有拒绝的权利，却不应漠视应承担的社会责任。

至少，不要让良心受到谴责。

众筹变味，错不在一方

新　功

所谓众筹，就是群众筹资。通过网络上的平台，连接赞助者与提案者，用来支持各种活动，包括灾后重建、民间集资、竞选活动、创业者募资及公共专案等。只要是网友喜欢的项目，都可以通过众筹方式获得项目启动的第一笔资金，这就为更多的小本经营或创作的人提供了无限可能。

正因为有这种“无限可能”，有人就打起了歪主意。

有这么一位姑娘，在网上发了一个帖子，称自己很想买一部苹果 6s，而钱不够，苦恼着呢！并且附上多幅委屈图。那意思不明摆着吗？果然如愿以偿，仅一个晚上她就收到微信红包 1700 多元。

此种行为，有人称之“变味众筹”。认为这样违背了公益性原则，把众筹游戏化、功利化、私利化。一句话，就是利用别人的同情来骗钱。岂不知这样做，将别人对自己的好感消磨殆尽，是往自己头上泼污水。

这样批评并不过分。这姑娘就是想用这种方式得到资助，真还轻而易举地得到了，就不必再为购买苹果 6s 手机发愁了。这钱来得容易，只不过是没有丝毫的公益性，满足自己的私欲，享受高档手机。这样做不可取，的确是让众筹变了味。如果大家都这样，众筹就会失去本来的意义。这姑娘的行为理所应当受到谴责。

本不想为这姑娘开脱和解释什么。只是有没有想到这样一个问题？“一个巴掌拍不响”，这场闹剧搞到如此喧嚣，主要责任当然是始作俑者。

但是又是什么人这么快打这么多红包，送上一份厚礼呢？难道他们就没有干系？

可以这样说，这姑娘并没有强迫任何人的意思。她只是表明自己想拥有苹果 6s 的愿望，告知自己的钱不够买的困难。这很正常啊！并没有要求谁非打红包不可、不打红包不行。看到这种信息，完全可以置之不理，别人也不好说什么，不打红包就是，又能拿你怎样？

那么，打红包完全出于一种自觉行为。什么时候打，打与不打，打多打少，都在于自己。相信那 1700 多元微信红包都是心甘情愿送出的。

回过头来说，如果这姑娘发出这样的信息使众筹变味的话，那么打红包的人同样也有责任。无论别人怎么说，当事人所发的图，表情再委屈、再难过，没有人掏一个子儿，那姑娘只有徒叹奈何，纵然想“变味”都变不了，顶多只在网上热闹一下而已。

那么要反省的也应该包括那些主动打红包者。也许他们只是出于好奇，或者也有同情，钱反正出得不多。但有没有想到，恰恰是这种援手起了推波助澜的作用。善良就这样被人利用。

而堂堂正正做慈善、搞募捐、行善事，这种人有的就有可能视而不见，断然拒绝。当然，那是个人的权利。可是，如果两件事拿出来比较，可以不出的钱出了，完全需要的钱不出，内心能安宁吗？

心中不可无牌照

张　弢

春节期间，在衡阳市城区接连发生了两起惨烈的车祸，在这样原本应该一派祥和、万家欢乐的日子里，不仅使死者的亲属陷入巨大的悲痛之中，也让我们每一个人都无法置之度外地生出一份莫名的怵惕。

这两起车祸，有着相同之处：都没有悬挂牌照，可又并不是无牌照车，这或许是造成悲剧的原因之一。（注：两起车祸是否超速，交警没有认定。）

在我的驾驶经历中，曾无数次地看见无牌照车或从身边呼啸而过，或在红灯路口任性前行。一些驾车人对公共交通规则的漠视，严重到了通过卸牌、遮牌、套牌等技术手段来躲避监控和处罚，已经成为一种公害。虽然，不见得每一次的超速和闯灯都会造成严重后果，可这，又反过来一点点助长了他们的侥幸之心，到头来，不光车上没有牌照，心中也没有牌照了。灾祸，每每看似从天而降；大错，往往却是早已铸成。

其实，我们每一位活在世上的人，都有一副不可或缺的牌照。不是姓名，也不是身份证号，而是人的敬畏之心。车辆的牌照，也不过是用来强化驾车人对交通规则的敬畏之心的。敬畏之心，从实用主义的角度来说，就是人的安全意识。我们都有这样的体验，当我们害怕某件事情，从而有意识地去警惕它、防备它、规避它的时候，这种事情往往就不会发生。因此，在当代社会，敬畏自然，敬畏生命，敬畏法律，敬畏道德……说到底，都是对自己生命安宁和生活幸福的一种有效保护。而敬畏之心，其实是我们自己的一道护身符。

在中国传统的道德伦理中，原本有着浓郁的敬畏文化。孔子曾将之概括为“三畏”：畏天命，畏大人，畏圣人之言。古人也多有告诫：“君子之心，常怀敬畏。”但在民间，则更多的演变为对“鬼神”的敬畏和崇拜。所谓的“人在做，天在看”“举头三尺有神明”，就是一种基于敬畏的道德自律意识。

重塑我们的敬畏之心，也许正如新华网上一篇评论所言，是我们的当务之急、重中之重。

一粒老鼠屎

张　弢

近日，与朋友闲聊时，一位忠厚的大姐说：每当我看见央视播放“好客山东”的广告时，就会想起青岛的“天价虾事件”，脑子里立马浮现“宰客山东”四个字。呵呵，别责怪这位大姐看问题以偏概全。在现实生活中，“一粒老鼠屎，坏了一锅汤”的现象，那可是屡见不鲜、比比皆是啊！

怪不得，连国家旅游局局长李金早也痛心地感叹：“一只 38 元的虾就抵消了山东旅游局几个亿的广告效果。”

提起老鼠屎，我们还会立即想起郭美美。就这么小小的一粒，居然能将堂堂的中国红十字会拖入一场前所未有的信任危机之中，至今没有化解，而且也给我国的慈善事业造成了不可估量的伤害。这几年，“捐你妹”作为一句网络流行语，在北京暴雨、雅安地震、天津爆炸案的募捐中，形成一股强劲的抵触情绪。它反映的，正是公众当下对慈善公益机构的普遍不信任感。

只是，我们也不要把责任全推给老鼠屎。就如郭美美，事后根据警方调查和本人供述，她及她的资金都与红十字会无关，她的主要经济来源是开局聚赌和招嫖卖淫。应该肯定，改革开放以来，我国的慈善公益事业几乎从零起步，取得了长足发展。但是，由于多方面的原因，其弊端也日益凸现。这些年来，一些慈善公益组织不断曝出诸如天价采购、高档消费、挪用善款、骗捐诈捐、公费旅游等丑闻，让人们不得不怀疑，这锅“汤”怎么啦？如此浑浊，如此难闻，如此变味？以至于一粒活生生的老鼠屎呈现在眼前时，哪怕它并不在这“一锅汤”里，人们也会不由自主地、不加思索地断定这是一锅坏汤、臭汤，并由此掩鼻而去。虽说这是一种非理性的认知，可也是活生生的事实。

国际著名咨询机构麦肯锡公司在一份报告中指出：“中国社会并不缺少善心，缺少的是对公益组织的信心。”真可谓一语中的。

从 2013 年起，我兼任衡阳市慈善总会副会长，接触慈善工作已有三年，算是比较深切地体验了慈善机构面临的种种艰难、委曲和无奈。但我依然认为，要消除当下人们对慈善公益事业的误解与偏见，慈善公益组织唯一能做的，还是尽心尽力地熬好自己的“一锅汤”，让慈善在阳光下运作，就像当前一些餐馆的透明厨房一样，自觉接受社会公众的监督。“精诚所至，金石为开”，只要我们下足了功夫，慈善事业这锅“汤”自然会香溢四方。

也只有这样，那些形形色色的“老鼠屎”，才不会落入“汤”内。

高调慈善不可取

张　弢

提起高调慈善，就绕不开陈光标，他早已是一个“唯恐天下不知”的慈善家了。

前几天，他再次高调亮相：在南京，暴瘦50余斤的他带领一千多名胖哥胖姐大跳“削肉舞”。背景墙上标的是“慈善一路，传奇一生”的主题，还有陈光标语录：“我的梦想是，让天下无胖子，人人都健康。”够公益也够热闹的，又一次赚足了眼球。随后，借助媒体，陈光标公布了自己的减肥“秘籍”：一款由他投资研制的特膳食品。

说实话，我还是真心佩服陈光标的。一个企业家，能够有这样的慈善情怀，或者说有这种借助慈善来加速企业发展的眼光，实属不易。更何况他这些年捐给社会的若干个亿，都是真金白银，值得肯定和赞赏。不过，我也坚持认为，做慈善，尤其是企业，应当低调，不宜高调。理由有两点：

一是高调不一定高尚。以我的观察，企业或企业家做慈善，理念与动机是很有差异的。有的是怀有一颗仁爱之心，有的是怀有一颗感恩之心，有的是怀有一颗赎罪之心，但也有的是出自功利之心和虚荣之心。美国前劳工部长罗伯特·里奇教授曾写过一篇题为“富人的慈善并不总在行善”的文章，他指出：美国许多富豪捐款是为了获得免税的好处。而且他们的捐款对象大多是文化和教育事业，这类捐款有很大的利己目的。虽然这样的捐款也会惠及社会和普通民众，但是它与美国宗教文化的“善事”有相当大的差距。动机的不同，导致的社会效果和公众的认同程度也是截然不同的。所以高调行善，更容易被人们质疑为出于功利或虚荣需求，乃至无缘无故地招致多数人的忌恨与反感。我就看过一篇学者的文章，认为陈光标是在“炫耀性消费”。因为慈善的本义是爱心传递，是一种默默奉献、不图回报的高尚行为。特蕾莎修女说过，慈善“不在于我们赠予多少，而在于我们付出多少爱心”。陈光标曾经用16吨百元大钞堆砌成钱墙来展示其“首善”风采，但相比之下，杭州拾荒老人韦思浩几毛一块地积攒收入以资助失学儿童，我们更崇敬后者。

二是高调很容易跑调。还是以陈光标为例，这些年，他高调展示自己慈善公益形象。虽然收获不少，戴上了包括“中国首善”“亚洲首善”等在内的一大串光环，然而麻烦也不断。如2014年，他参加“冰桶挑战”，事后不得不承认自己用的是热水；跑到美国去向街头穷人撒钱，被证实是一场骗局；接受“世界首善”证书，没想到买的是一个“山寨版”。更没想到的是，网上铺天盖地的质疑他学历造假、履历造假、业绩造假、慈善造假，乃至传言他官司缠身、失联被捕。一个本来应该受人尊敬的“慈善家”，最终形象却大打折扣，为什么？只因调门太高，底气又不足，只好唱假嗓子。

慈善需要宣传，也需要典型，但是不能作秀，也不能卖萌。

吃喝绝非等闲事

安　青

党的十八大以来，我们国家的日常生活发生了种种喜人的变化。如果要问最大的变化是什么？我的回答是：公款吃喝基本上销声匿迹了。

与朋友们聊天，我谈出了上述看法，他们均表示同意。

他们之所以同意，是因为我的看法道出了他们的切身感受。

稍微有点阅历的人都知道十八大之前中国大地上的"吃喝风"之盛。这吃喝风究竟始于何时，有待社会学家的考证。在我的经验和记忆中，这吃喝风应该兴起于20世纪的90年代，一直延续到十八大之前。在这段时间里，我们国家发生了翻天覆地的变化，但也毋庸讳言，吃喝风也是方兴未艾。也不是没人管，当时从中央到地方下发了好多制止吃喝风的文件。给我印象最深的，有一份文件甚至规定了"三菜一汤"的上菜标准。但不知何故，这吃喝风就是刹不住，而且愈演愈烈。单说我们衡阳市。前些年我们衡阳的几家著名酒楼，谁不赚个盆满钵满？那年月，每当夕阳西下，华灯初上，人们纷纷呼朋引伴，兴高采烈地涌入各家酒楼，尽兴吃喝，吃它个风卷残云，喝它个天昏地暗。

这吃喝风之所以盛行，是因为当时的人们普遍流行这样一种观念：只要不贪不占，吃点喝点没关系。殊不知公款吃喝是滋生腐败的丰厚土壤，所有的腐败都是从舌尖上的腐败开始。看看当今查处的腐败官员，有几个不是从大吃大喝中开始腐败的？可以说，制止吃喝风是反腐败斗争中的一个最基础也是最重要的战役。

然而，公款吃喝风实在是由来已久，且相沿成习，治愈这多年的沉疴谈何容易！所以，当新一届党中央领导班子狠刹吃喝风时，我最初是持观望态度的。然而，随着反腐败斗争的不断推进，今天我们不得不承认：这公款吃喝风如今硬是给刹下去了。不信，你去市区的几家高档酒楼瞧一瞧，哪一家不是门庭冷落车马稀？这就充分说明，世界上的很多事，非不能也，乃不为也。重典治乱，猛药去疴，只要领导带头，且一以贯之，没有刹不住的歪风。

这吃喝风之所以能刹下去，还有一个很重要的原因，就是党中央真正顺应了党心民心。也就是说，刹住吃喝风，有着广泛而坚实的群众基础。多少年来，人民群众对公款吃喝可以说是深恶痛绝。谁都知道，尽管我们国家这些年来取得了长足的发展和进步，但也没有富裕到可以胡吃海喝的地步。我们还有相当一部分人处于温饱阶段，有的因为种种原因，甚至还处于贫困状态。这一点无须做广泛的调查，只要看看我们的《慈善周刊》，就可管中窥豹。在《慈善周刊》的每一期报道里，我们都能看到盼望救助的急切眼神，以及为救助贫困而奔走呼号的身影。看了这些报道，你还好意思去酒楼大吃大喝吗？

吃喝，从生理学意义上讲，它仅仅是维持生命延续和运转的一种物质手段，除了营养与健康，我们没有必要赋予它太多的意义。或许有人说，我自己挣钱消费还不行吗？自己掏钱无可非议，但从自然法则上讲，自己掏钱消费也不能浪费，因为地球上的资源是有限的，你的浪费实际上是挤占了别人的资源。毛主席说得好：贪污和浪费是极大的犯罪。

从这个意义上讲，慈善与否，也体现在吃喝之中。

所以我们应该切记：吃喝绝非等闲事。

熟知《拙赋》的人为何不多

安　青

宋代理学的开山鼻祖周敦颐，曾写下千古名篇《爱莲说》。这篇不到150字的文章，因为歌颂了莲的高洁，几乎无人不晓。然而，周敦颐的另一篇题为“拙赋”的文章，知晓者则为数不多，或者说，它的普及率远不及《爱莲说》。

其实，在我看来，《拙赋》一文的警世意义，一点不亚于《爱莲说》。甚至可以说，鉴于目前的世道人心，品读《拙赋》的必要性，远远超过《爱莲说》。

这篇题为《拙赋》的文章，仅66字，兹抄录于下：

或谓予曰：“人谓子拙。”予曰：“巧，窃所耻也，且患世多巧也。”喜而赋之曰：

巧者言，拙者默；巧者劳，拙者逸；巧者贼，拙者德；巧者凶，拙者吉。呜呼！天下拙，刑政彻。上安下顺，风清弊绝。

周敦颐文中所说的“巧”，一方面代表聪明能干，另一方面代表虚伪、不诚实，即所谓巧言令色、花言巧语等。文中所说的“拙”，指的是真诚老实。他从四个方面对巧者与拙者进行了对比：在表达上，巧者花言巧语，千方百计引人注意；而拙者忠厚老实，无须多言。在行为上，巧者煞费苦心，投机钻营，活得很累；而拙者无私心杂念，处世泰然。在道德上，巧者损人利己，损公肥私，是地地道道的“贼者”；而拙者光明磊落，严于律己，品德高尚。在最终结果上，巧者因多行不义，必遭凶险；而拙者问心无愧，必然安康吉祥。最后，周敦颐慨然叹道：如果全天下的人都能成为拙者，则整个社会必定风清气正，各种弊病自然绝迹。

周敦颐这篇崇拙而去巧、颂拙而耻巧的《拙赋》，实际上是提倡老老实实做人，老老实实做事。然而这么一篇具有强烈警世意义的文章，熟知者竟然寥寥无几，岂非咄咄怪事？思来想去，我以为这里面有着深刻的社会原因。

最主要的原因是，一段时间来，我们社会的风气不正，明规则缺失，潜规则盛行。因此，投机取巧者飞黄腾达、老实人吃亏受害的现象层出不穷。在这样一个背景下，人们当然愿意崇巧而去拙了。那么，谁还愿意去认真品读并广泛传颂周敦颐这篇微言大义、发人深省的《拙赋》呢？

今天，形势终于发生了喜人的变化。党的十八大以后，以习近平同志为总书记的党中央开展了轰轰烈烈的反腐斗争和波澜壮阔的党风廉政建设。在这个过程中，一大批投机取巧者受到了应有的处理，忠厚老实的“拙者”得到了应有的重用，出现了周敦颐所说的“巧者凶，拙者吉”的局面，人们纷纷崇拙而去巧、颂拙而耻巧。由此可见，人们对巧与拙的选择，在很大程度上取决于整个社会的价值指向和制度安排。

以我本人为例。从本质上讲，我还算个读书人，始终以读书写字为自己的立身之本。但在相当一段时期内，眼看着比自己能力差的人靠着投机取巧的本事，一个个升了官、发了财，心里也曾翻腾过、迷茫过，但由于经历与性格上的原因，始终没有进入“巧者”的行列。如今，眼见那些“巧者”一个一个被打回原形，心里不由万分庆幸，庆幸自己没有脱离“拙者”的队伍而成为“巧者”的一员，从而赢得了如今自由自在的人生境界。

翻开史书我也发现，古今中外成就大事业者，基本上都具有“拙者”的秉性，而绝无“巧者”的身影。鲁迅先生曾这样感叹：捣鬼有术，然而有限，古来以此成大事业者，未之有也。苏东坡诗云：人皆养子望聪明，我被聪明误一生。唯愿孩儿愚且鲁，无灾无难到公卿。《红楼梦》里说得更透彻：机关算尽太聪明，反误了卿卿性命。

正因为如此，前几天当我重读周敦颐的《拙赋》时，顿感其中的字字句句，犹如黄钟大吕一声声直击心灵。我想，从今以后，熟读并喜爱《拙赋》的人会愈来愈多。

慈善作假，不是过错，而是罪恶

张　弢

才入冬，就看到一则让人心寒的消息：

一伙不法之徒窜到四川大凉山贫困地区，用网络直播的方式，演绎着一出出假慈善的场景。他们找来一些衣衫褴褛的村民，在镜头前，由他们向村民发放“百元大钞”。等到直播结束，又一一将村民手中的大钞收回。

这桩丑闻，是因为团伙成员分赃不均，发生内讧，互相揭秘，而曝光于大众眼前的。就凭这一点，我们便能断定，他们绝不是什么“爱心人士”，而是一群唯利是图、锱铢必较、认钱不认人的卑鄙小人。

然而，“卑鄙是卑鄙者的通行证”。事发后，这些“网络主播”继续表演。“快手杰哥”声称：“杰哥承认错误，给粉丝道歉”；“快手黑叔”申辩：“人非圣贤，孰能无过”；“山东梅姐”表白：“我也不想欺骗大家”；有位“主播”更嚣张：“我承认我犯了错，他们敢承认吗？”在他们看来，做假慈善假公益，只是一种过错而已，甚至还是一份无奈？真正的寡廉鲜耻啊！

慈善作假，并以骗取钱财为目的，在我看来，绝不是一种过错，而是一种罪恶。

首先，它是一种犯罪。新颁布的《慈善法》明确规定：“自然人、法人或者其他组织，假借慈善名义或者假冒慈善组织骗取财产的，由公安机关依法查处。”这些所谓的网络公益人士，通过慈善作假，增加自己的

“粉丝”数量，来骗取“粉丝”们刷礼物，达到敛财的目的。如“快手杰哥”承认，“运气好每天赚万把块不在话下”；“快手黑叔”透露，“到明年5月以后可以赚两千万”。据报道，这些人在大凉山已经活动了几个月，他们诈骗的钱财，早就达到了定罪量刑的标准，理应受到法律的严厉制裁。

其次，它是一种大恶。这些号称网络主播的骗子们，在主观愿望上，既期望骗取更多的钱财，又妄图罩上慈善公益的光环，还希冀拥有众多的粉丝，让自己成为网络明星，实现名利双收。比起那些“做贼心虚”的贼、“盗亦有道”的盗，他们的内心一定更贪婪，更龌龊，更歹毒，更无底线，人性良知完全丧失。比如，能够将发给村民的钱又一一收回，村民们应该受到了某种威吓。你看视频里那位“快手杰哥”，一脸横肉，满身文花，戴着手指粗的金项链，不就是一副典型的黑道人物装扮吗？而在客观效果上，他们的所作所为，不仅肆意地污辱了村民的尊严，愚弄了粉丝的信任，而且严重地伤害了公益形象，败坏了慈善文化，也给刚刚兴起的线上慈善事业造成了难以愈合的创伤。其恶行与恶果，理所当然地受到广大网民和社会舆论的强烈谴责。

综上所述，慈善作假，挑战着这个社会的道德底线和法律底线，它绝不是一种过错，而是一种比杀人、抢劫、强奸、贩毒更为卑劣和不可宽赦的罪恶行径。

末了，老夫忍不住开骂：始作假者，其无后乎！

修善果

慈善，“冷水泡茶慢慢浓”

新　功

说起慈善，让人想到耳熟能详的一个说法：世界上有两件事很难办，即把自己的思想装进别人的脑袋；把别人的钱掏进自己的口袋。能做成前一件事的是老师，能做成后一件事的是老板。两件事都能一齐做好的是老婆。而做慈善事业呢？恰恰就是要把慈善的思想装进别人脑袋，要从别人的口袋里掏钱出来，要让别人做奉献。难度之大，不言而喻。

正因为做起来不容易，急躁的情绪就不可避免地滋生。敝人新言《慈善，不应该被拒绝》，就被人解读有“咄咄逼人”之嫌。初听，有点不服。细想，果然有道理。再琢磨，真有所悟。正如安青所示：慈善，就像“冷水泡茶慢慢浓”。诚哉斯言。那么在慈善启蒙的时期，如何做慈善呢？

——不急。“性急吃不得热豆腐”，“欲速则不达”。操之过急，弄不好事与愿违，事倍功半，费力不讨好。为什么呢？人们要理解慈善、参与慈善、支持慈善，首先要了解慈善。而目前，普遍存在“盲区”和“误区”，人们不知慈善为何物，或者理解为简单的“做好事”，这就无心“急”起来；慈善的氛围不浓，要让慈善成为一种需要、一种文明、一种时尚、一种自觉的行为，不是梦想，但还有一段遥远的距离，这就无法“急”起来；慈善的管理不到位，制度不规范，加上“郭美美”事件的发酵，诚信空前缺失，人们对慈善的诚信有了质疑，不放心，这就无力“急”起来。水到渠成，顺其自然，效果可能要比预想的好得多。

——不逼。既然慈善是一种自愿行为，那就是“一厢情愿”的事，人们就有权利选择拒绝，其实也无须说明什么。说说道理，做做工作，阐明主张，正确引导，可以。然则，不惜采用各种手段，绞尽脑汁，千方百计逼人就范，逼上梁山；施加各种压力，企图说服、吓服、压服，让人屈服，就有可能让人逆反，“别有一番滋味在心头”。不心甘情愿的事，再做也是勉强，即使做了一回，难说以后还有下一回。一回勉强，不能每回都勉强。那瓜只有到了时节，才会熟透，不然就是青涩；那花只有到了岁月，才会绽放，不然全是荒蕾；那慈善只有到了一定境界，才会不逼自来。当一个人还在排斥什么时，外界施加的压力不管多大，除了证明黔驴之技的笨拙外，还能说明什么？又能改变什么？

——不催。如果有人思想上还有障碍，不要催，那就等吧！相信总会有感动的时候。如果有人还想看看再说，那就等吧，不要催，相信总会有醒悟的到来。如果有人说要慢一点，缓一点，不要催，那就等吧，相信总会有赶上的一天。这世间的事有些催不得呀！盲目的催，可能会迷茫。简单的催，可能会复杂。枯燥的催，可能会烦恼。性急的催，可能会变味。但若花开，蝴蝶自来。不催自来的事，才可能做得圆润、妥帖。

这茶么，若用冷水泡，要时间去等待，靠耐心去维系。茶慢慢地浸润，缓缓地释放，一点一滴入味，自然越泡越浓。这慈善么，不能急，不要逼，不好催。只有多做点细磨功夫，用自己的真诚和毅力去打动，相信功夫不负苦心人，即使一时难以如愿，至少播种了希望。

如此，即使慈善这杯茶是用冷水泡的，总是有浓的时候，让我们一起努力。

今天，你行善了吗？

新　功

这样问，有些突兀。其实，只是习惯而已，如同问：吃过了吗？

“日行一善”，完全可以走进我们的生活。

行善，并不是那么高不可攀，人人都可当“陈光标”。有人说过，慈善并不是你有一亿资金，要分给别人一百或一千。而是你手里有一个面包，给饥饿的人掰下一片。这不就很简单？在我们的身边，随时随地有善可为。比如，公交车上让个座，捡拾别人掉在地上的一个烟蒂，有时仅仅只是给别人一个理解的微笑……举手之劳，随心所欲。有位开车的，被后面的一辆车强行超越，他突然发现那辆车有个轮胎漏气扁了。开车的未发现，还在一个劲儿地狂奔。危险！他急忙赶上去，那车硬是不让。好不容易等到一个红灯口，他才靠了上去。那人以为要吵架，摆出一副气势汹汹的样子。他微笑着告诉那人危险所在，这才放心地离开。一个简单的举动，拯救的可能是一条活生生的人命。而这些只是点滴，上心就会在意；而忽视，再大的事也会视而不见。

当然，听从的是自己内心的呼唤，就不会在乎外界怎样、别人如何。这个年代，有着太多的“英雄流血又流泪”的悲剧，重复演绎着“东郭先生与狼”的故事。于是，催生着太多的伤感，莫名地有了太重的顾忌。“假摔”碰瓷、设局，利用善良，亵渎善念，以至于人们谈善色变。有人摔倒无人敢扶，有人落水无人敢救，有人遭窃无人敢帮，熟视无睹，不是冷漠，而是后怕有理啊！一个蝎子落水，一和尚去救它而被咬，旁观者不解，你救它，它却咬你，值吗？和尚答曰：蝎子咬人是天性，我救它是人性。它咬是它的事，我救是我的事，不能因为它的天性失去我的人性。行善与否，那也是你的事。别人要怎样是否也应该与你无关？事实上，那些骗取别人善心的有时装得比真的还像，更可怕的是有可能让那些真正需要救助的人失去机会。佛山街头被车辗压的小女孩，血淋淋的场面就未能留住 18 个路人的脚步，因没有得到及时抢救失去了宝贵的生命。

在功利性十分明显的年代，行善要有淡泊的心态。不为出名，不图表现，不出风头，不搞形式，不作秀，不求回报，没有任何个人目的。做就做实！行善一掺假就变味。有的人做了好事，公开索要表扬信，让人送锦旗，不这样还不行。有的人是为了往脸上贴金，图个好名声，留个好印象。有的人赤裸裸不达目的不出手，公开讨价还价。如果这样，那善还行得起来吗？即便勉强行起来又有什么意义？

良好的习惯是养成的，行善不是高不可攀、遥不可及，不是刻意制造、心血来潮，不是有所选择、另有所图，更需要从身边做起，从随手做起，从细微点滴做起，简单、自然、大方。久了，自然了，也就习惯了。有心去做，不难。自觉去做，不究。淡定去做，不求。

日行一善，在你，在我，在大家。

今天，你行善了吗？

“行善就是我的养生之道”

张　弢

这句话不是我说的，是余彭年先生说的，但是我高度认同。

余彭年，本名彭立珊，是我们湖南人，香港知名企业家，慈善家，曾经连续5年蝉联胡润百善榜榜首，被誉为“中国慈善王”。本月初不幸与世长辞，享年93岁。我是在大约30年前，从长沙街头赫然标识的“彭立珊专线大巴”开始关注这位老先生的，并由此对他肃然起敬。老先生仙逝，也让我难过了好一阵子。

在《慈善也是一种自我完善》一文中，我曾列举了中外许多顶级企业家都不约而同地选择做慈善来作为自己的最后归宿，余彭年先生也是如此。而且与那些企业家相比，他的慈善还有两点更鲜明的特色。一是“以德报怨”。余彭年曾被划为“逃亡地主”，坐了三年牢房。1958年偷渡到香港，撇下妻儿在家乡。在那个以阶级斗争为主调的年代，可以想见这种身世积下的怨恨。但在改革开放后，第一次被允许回内地探望分离了20多年的妻儿，见到家乡的贫困病苦景象，他善心大张，尽释前怨，当即向当地政府捐赠10辆医疗车，并由此铺开了回报社会的慈善之路。二是“倾家荡产”。早在2004年，余彭年就辞去公司董事长的职务，专职做慈善事业；2010年，他又宣布将自己的所有财产共计93亿港元委托给香港汇丰银行监管，全部用于慈善事业。一分一毫也不留给子孙，成为“中国裸捐第一人”。现在，他虽然已经离别人间，但他的慈善事业却将真正地与世长存、代代相传。而且用信托制度管理慈善财产，也示范性地推进了中国慈善方式的变革。

一位企业家，能够如此义无反顾地热衷和投身于慈善事业，他内心的动力究竟是什么？当然，有良知的光照，如他说过：我见不得穷人难过；有理念的指引，如他的名言：儿子强于我，留钱做什么？儿子弱于我，留钱做什么？也许还可以列举许多动因。但一定还有一个更重要更关键的内因，那就是余彭年说的：行善就是我的养生之道。类似的话还有：行善是最好的养生之道。我想，这一定是老先生的核心信念、切身感受和肺腑之言，也是他的经验之谈。因为，对于生命来说，还有什么比健康更重要？所以，每一个人都明白，养生才是硬道理。

那么，行善与养生之间，会有怎样的因果联系呢？这实在是一个只可意会、难以言传的话题。我也只能说个大概：行善能让人产生和保持一种良好的心态和情绪，获得成就感、知足感、平和、愉悦。而现代医学早已证明，人的心态和情绪能够直接影响身体的代谢机能。心性的修养才是保健养生的根本之道。积善为德，以德养心，心安则寿长，也许就这么简单。

不过，凡事都得在实践中体悟，行善也一样，我们只有行动起来了，才会一点一点地领悟到，行善不仅仅是帮助了他人，回报了社会，更是一件让自己益心、益智、益身、益寿的快乐活。

令人感到温暖的袁老师

安　青

我说的袁老师，叫袁有余，1941 年生，曾是衡铁一中的语文老师，1998 年退休。

我不记得是哪一年认识的袁老师，我只知道我们第一次见面时，便对彼此留下非常好的印象，一番倾心交谈之后，更多的是电话往来，真正的见面也就那么三四次。但这并不妨碍我们之间的友谊，每当见面或者电话交流，我们两人不谈个痛快便决不罢休。那感觉，仿佛我们已是认识了几辈子的朋友。

为此，我也常常感到很奇怪。我和袁老师年龄有异，职业有别，阅历、性格、禀赋各不相同，为什么能一见如故并能视彼此为知己呢？思之再三，我得出了一个答案：最根本的原因在于我们都同属善良之人。

是的，是善良这种共同的品性让我们走到了一起。特别是袁老师，他那种从骨子里散发出来的善良，让我感到周身温暖，我就像一个趋光动物，一下子走近了他。

当今社会，由于物质主义的盛行，利益成了相当一部分人交往的首选媒介。至于善良，这种人们最应具有的基本品性，反倒受到了不应有的忽略。一些人甚至认为善良是无用的代名词，认为“人善受人欺，马善被人骑”。殊不知，在善良之人看来，善良是一个人最应具有的基本品性，如果连这个最基本的品性都不具备，遑论其他？

这是一个很浅显的道理。但这个浅显的道理，我也是通过与袁老师的交往才慢慢悟出来的。

早些年，我也曾春风得意，其时虽不能说“门前车水马龙”，但与我交往的人确实是络绎不绝。如今我卸任退位，虽不能说“门庭冷落”，但其中很多“朋友”已与我形同陌路。而与我一如既往的朋友，我发现他们都有一个共同的品性，那就是生性善良，淡看名利。这其中，就包括我在这里要谈到的袁老师。

袁老师知道我已不在位，但每次交往都对我热情有加、勉励有加。每当我在报纸上发表一篇不起眼的小文章，他都要给我来一个电话，热情表扬之余，指出文中得失，并殷切鼓励我绝不能停笔，一定要坚持写下去。为了达到勉励我的目的，他把我发表在报纸上的文章，全部剪贴下来，并装裱成册。一天下午，他在我的办公室向我展示那本装有我文章的小册子时，我感动得差点落下泪来，心头立刻回响着鲁迅的名句：人生得一知己足矣，斯世当以同怀视之。

不仅如此，他还关心我的身体。每次通话或见面时，他都要问及我的身体状况，并叮嘱我一定要按时作息。同时他还不厌其烦地教我一些保健操。你想想，有这样一位朋友贴心贴肺的关心，你能不感到温暖么？

除了生性善良，袁老师还有很多难能可贵的优点。比如，他关心国家时事，长年收集各种报刊，是资深的中国集报协会会员；比如，他进取心强，虽退休多年，依旧笔耕不辍，前不久他竟然自费出版了自己的两本专著；比如，他热爱生活，常常跑到市区来观赏各种演出；比如，他扶危济困，甘为人梯，在他从教五十周年之时，那些受他恩惠的学生，从天南地北齐聚衡阳，共同为他设宴庆祝。

总之，我庆幸此生能有袁老师这样一位朋友。并且我想，正是因为有了千千万万个像袁老师这样的善良之人，我们这个社会才充满了令人神往的活力和希望！

假如痛在你身上

新　功

意外摔伤，疼痛无比。

医院检查的结果令人猝不及防，严重程度远远超出预期：一关节脱位，必须手术安置内固定装置，让脱位部分复位。别无选择，救痛要紧，那就做吧！

医院条件不错，医生敬业，技术精湛。这小小手术简直是小菜一碟，做得干净利落、漂亮。患者脸上露出了久违的微笑，尽管是挤出来的。毕竟离康复近了一步。

“会痛吗?”肉里放置钢板、螺丝钉这么一堆东西，这是谁都不免担心的，不免要问。回答是，开始有些不适，以后会逐步好转。有的还终生不取出来呢。答得专业、标准、规范，无可置疑。

接下来，就是抱着期望的等待。惯例，内固定装置至少半年以后才能取出，一般要十个月或一年甚至还要多一点时间，看个体差异，看身体恢复情况。

起初，等待的日子阳光灿烂，伤愈总是要时间。手术后，伤处有了不适，以为是正常的反应，不好说，也没有在意。而当这种不适不依不饶，无时不有、无处不在，患者有些惊慌失措。这种疼痛虽然来得不是那么猛烈，但缠住不放，持续发力，片刻不得安宁，远远超出一个人的承受力，寝食难安。

小心翼翼地再问，回答与原来无异。一定要等到至少半年后才可取出，时间短了，长不好，怕出问题。

算了算，还有如此漫长的时间，这可是一秒一分都在煎熬和折磨啊！于是壮着胆子找人去另一家医院找专家诉苦、咨询。

片子一查，肯定的答复脱口而出：您这三个月可取出，更有利于恢复。

此言一出，不由得患者不惊讶。当然更是发自内心的高兴。以原最少六个月算，至少减少三个月的痛苦，100 来天，多少时，多少分，多少秒。痛苦是以分秒计算的。

于是协商沟通，患者身上的那堆钢铁顺利取出，至少比原计划提早了三个月。

这是一个骨科患者的亲身经历。

免不了好奇，细细盘问，一种病痛，不同医院的处置时间为什么会出现如此大的差异？

权威人士给出的解释是，内固定取出，如果是骨折，至少是半年以上。而如果只是脱、错位，只需等韧带恢复好，三个月就可以了。

原来病情有区别，处置也就不一样。

而为什么不同医院、不同医生给出的答复就完全不一样呢？假如这名患者不去找另外的医院、另外的医生咨询，那只有死死地等待，那种莫名的痛就在身上延续数月。

“至少半年以后”的回答也不无道理。那样更保险，为的是对病人负责，也无可指责。

但是在遵守规矩规范的前提下，有时还要从实际出发。于病人而言，应给予更多的人性关怀。

有种痛是装不出来的，只有痛过的人才知道。早点减轻病人的痛苦不也是医生的职责么？何况伤情完全不一样。

多说几句，相信病人会听明白，心里有数，自己也好选择，可惜的是大多数人听到的只是标准答案，不会多说一句话，不浪费一个字，例行公事。

这种痛在病人身上，无奈之中自己救自己。

也许是有人习惯了这种循规蹈矩的办事风格，规定使然，都是这样，哪有错？

也许是见多了这种情况，这点痛算什么？

如果想到规矩是死的，人是活的，那么处置是否可以灵活一些？

如果一个病人的痛是一个人的百分之百，换位思考，那么就会想方设法及早采取措施。可是，当时就没有这么答，没有这么想，没有这么做。

这还不能说是冷漠，也无关操守。

这里要说的主要是，当今社会类似的现象比比皆是，不只看病是如此。

许多事只要换位思考，设身处地，完完全全可以柳暗花明。

假如“痛在我身上”“需要帮助的是我”，那样就会把别人的痛当成自己的痛，把别人的事当成自己的事。

持有这样的心态，会更积极，更包容，更自觉。

热心公益，关爱他人。知善、向善、行善。

这才是从骨子里发出的灵魂芬芳。

别让大娘过不去马路

新　功

一位大娘站在马路边发呆，引起路人的关注："您这是要过马路么?"答曰："是的。""那您发什么呆，过去就是了。"不解。大娘急了："我一过去，对面的小朋友就扶着送我回这边来。过了几次都这样。不如先待着，等那些小朋友走了再过!"

你看看，大娘这马路就生生过不了。这边送过去，那边送过来，都是以做好事的名义。

错了吗?没错!老年人年老眼花，过马路需要有人帮扶。但是送来送去，折腾的是谁?这么做又是为了啥?

显然，这是过度的帮助。大娘是要过马路，帮助她过了马路就可中止。接着又被送了过来，违背了大娘的意志。一来二去，如果这样，那马路再窄，永远也别想过去。

大娘就在这场闹剧中，成了一个被利用的道具。不是要做好事，要帮助别人么?这扶大娘过马路当然算。你送过来算，我送过去凭什么又不算?好事算你一件，也算我一件，何乐而不为?大娘身不由己，别无选择，机械地被簇拥着来来去去，特殊的身份就被淋漓尽致地利用着，为别人做好事加分。

好笑么?但真正笑不起来。现实中类似的冷笑话真真切切地就发生在我们身边。

真正需要帮助的有时却反而得不到帮助，而有人却得以过度地享受。

特定的时间，特殊的日子，做好事的扎堆。平时的时间，平常的日子，不见踪影。“雷锋叔叔没户口，三月来了四月走”就是对这种现象莫大的讽刺。

对于有些人来说，做好事是有选择性的，不是有谁需要就会出手。做好事是给别人看的被动行为，而不是发自内心的自觉行为。

做什么好事一个模子套。扶老人过马路是做好事啊！于是就争着来，不及其余，不管别的。大娘过不去马路折射出时下行善的一种畸形心态。

行善要真心，不要虚伪。慈善是源于内心的自然流露，如同阳光无私地普照大地。不做，没有人能逼迫，就是逼着做了也是十分勉强，享受不到半点乐趣。只有心无旁骛、专心致志，素面朝天，干干净净，心甘情愿，才能享受一路阳光，收获处处温暖。如果伪装就变了味，比不做的影响还坏。这样扶大娘过马路，怎么看都感觉不到半点诚意真心，虚伪就那么摆着。

行善要随意，不要刻意。只要有心，处处、随时可行善。大娘过马路，如果刚好碰上了，扶一扶，帮一帮。很平常，很自然，而“守株待兔”，专门蹲着守着去扶大娘，此扶非彼扶，味道就变了，如同演戏，为的是做给别人看。占着座位不给更需要的人让座，而选择性地要去做“扶大娘过马路”之类的善事，不觉得有些滑稽吗？扎堆儿去做，慈善也只能被当成工具利用，刻意之中一舍难求。而一阵风过后，大娘再过马路也就无人问津了。

行善要自愿，不要勉强。如此这般扶大娘过马路，是有着精心安排的明显痕迹。当任务完成或处于某种压力的情况下，没有快乐，只有应付。那边送过来，这边送过去，不在乎大娘有什么感受。发自内心，心甘情愿的，有责任感，虔诚纯洁，仅仅是大娘过马路“扶”的小小举动也能让人体会到细细暖意。如果把行善当任务分配，选择特定的事情去做，那只能是勉强，而只要勉强就变味。

燕子飞走了，还会飞回来。花朵谢了，还会再开。而这心碎了，还能补起来吗？被折腾的大娘想必也心碎了——有马路，过不去。

简单的弄复杂，就因为行善走了调。

春风吹过，是为了染绿大地。爱心的涌动，是为了温暖别人。

真意才能换真心。行善掺不得假，作不得秀，走不得调。否则那是对善的亵渎。

真小人与伪君子

安　青

因为是《慈善周刊》，所以这个《慈善三人谈》不可以谈论更广泛的话题，只能在道德的层面上寻找写作的题材。想来想去，这一期我便想到了“真小人与伪君子”这个题目。

我觉得，这个题目值得一写。因为在我们当今的生活中，真小人和伪君子是不可忽视的存在。

关于小人，记得余秋雨曾专门以“小人”为题，写过一篇长达万言的文章。在这篇文章中，余秋雨曾详尽地描写过小人的行为特征和不同类型。余秋雨是学者，谈得很全面，也很深刻。其实，在我等平民百姓看来，所谓小人，就是品格低下、行为猥琐的人。这种人可恶可恨，但人们却又奈何不得。为什么？因为小人从不干杀人越货的大奸大恶之事，却专门干一些见不得人的龌龊勾当。小人虽然可恶可恨，但也能增进人们的生存智慧。中国人千百年来流传着一句古话，叫作“害人之心不可有，防人之心不可无”。这里说的“防人”，就是防小人。也就是说，对于小人，你防着点，躲着点，日子就会过得云淡风轻。

真正可恶且可怕的是“伪君子”。

从本质上来讲，伪君子其实也是小人，品格低下，行为丑恶。但可怕的是，他明明是小人，却要装出一副“君子”模样，骗取人们的好感，甚至崇拜。一旦作起恶来，令人瞠目结舌，猝不及防。正如民国初年的大学者严复所言：始于作伪，终于无耻。

我们说的“小人”，一般都是小人物，地位低，能量小，造成的危害也有限。“伪君子”就不同了。民间有，庙堂上亦有，造成的危害，远非小人能比。

我们说的“小人”，其中大多数都没什么文化，道行不深，属市井流氓一辈。而“伪君子”就不同了，他们大多都是饱学之士，熟谙国情，通晓人心，贪婪的胃口大得令人惊悚。如果说小人窃的是“钩”，则他们窃的是“国”。所以，当今的人们常说：流氓不可怕，就怕流氓有文化。

话题回到慈善上来。每逢大灾大难献爱心，我们很难看到小人的身影，却常常看到伪君子的嘴脸。本来，捐或不捐都是态度，捐多捐少都是爱心。可恶的是一些名人，面对媒体侃侃而谈自己将捐出多少多少，事后人们发现，他们竟然一毛不拔。他们的行为，直接挑战了社会的道德底线。对于这些“诈捐”之事，人们怎不怒火中烧、义愤填膺？

无论是“真小人”，还是“伪君子”，都是寄生在我们这个社会肌体上的病菌。消除这些病菌，是摆在我们这个社会面前的一项长期而艰巨的任务。

慈善力量来自微小的聚集

张　弢

一直以来，做慈善似乎与我们这些平民百姓关联不大。并不是我们没有想做慈善的心，只是觉得一个人微小的帮助起不到什么作用，帮不了什么人。在我们的意识里，慈善应该是那些更有能力的人去做，如大官、大款、大腕，他们能量巨大，可以在短时间内让很多人摆脱苦难，甚至改变一生的命运。但我们不知道的是，这个世界上，还有很多很多平凡普通的人正在默默无闻、持之以恒地为慈善倾注自己的心血。

每年 4 月份左右是美国学校传统的春假时间。很多学生都会选择放下书本，去户外寻找阳光、度假。但在美国犹他州的普若佛小镇，会有一个卖柠檬水和曲奇饼干的小男孩扎克准时营业。他家庭条件不错，但扎克对自己的小生意很认真，他卖柠檬水和曲奇饼干挣来的钱不是为了买心爱的玩具，而是为了买轮椅。每赚够 143 美元，他都要去买一台轮椅，然后捐给需要它的人。

因为老师在课堂上给他们班放了一部与战争有关的纪录片。片中一个正在田野里快乐玩耍的小男孩，一不小心踩中了战争期间埋在地下的地雷，被炸断了双腿。扎克小小的心灵受到了撞击，深深地为那个失去双腿的小男孩难过。他想：如果自己从此不能走路，不能自由自在地在田野里奔跑，那将多么可怕啊。扎克下定决心去帮助这些需要轮椅却没有钱购买的人，让他们的生活变得方便一些。不知不觉间，扎克和他的柠檬水事业已经走过了很多年。许多来自发展中国家和地区，如危地马拉、关岛、阿富汗、海地等地双腿残疾的孩子因为他捐赠的轮椅而告别了过去阴暗压抑的生活，转而阳光明朗了起来。

马云说，对于做慈善，他最欣赏的一种人，是一个月工资只有 200 元，但每月能拿出 1 块钱去做慈善的，甚至每天都拿 1 块钱去做慈善的，他们才是社会最了不起的基石。每个人行善条件有优劣，能力有大小，所有人都做出惊天动地的善举是不现实的，然而只要每个人内心都怀有帮助他人的想法，这个世界上的善举会一天天多起来，这样行善者的队伍就会慢慢扩展。慈善的力量来源于每个人和组织的微小支持，当这些力量汇聚在一起时，就会爆发出无穷正能量。

一个特别接地气的慈善故事

安　青

现在，无论是书本里，还是网络上，感人至深的慈善故事特别多。这些慈善故事滋润、感染着我们的心灵，激励着我们向善、行善。但最近我在网络上偶然读到了一则慈善故事，竟然让我备感清新、别致，久久难以忘怀。即使是生性冷漠、自私至极的人，读了这则故事，也不能不重新审视自己与这个世界的关系，从而激发出从未有过的慈善情愫。

这则故事极其质朴、淡雅，题目是“留几枚柿子在树上吧”。

故事说的是韩国北部的乡村公路边有许多柿子树，金秋时节，这里随处可见农民采摘柿子的忙碌身影。但是，直到采摘结束，有些熟透的柿子也不会摘下来。这些留在树上的柿子，成为一道特有的风景，一些游人经过这里时，都会说，这些柿子又大又红，不摘岂不可惜？

但是当地的果农则说，不管柿子长得多么诱人，也不会摘下来，因为这是留给喜鹊的食物。是什么使得这里的人保持这样一种习惯？原来，这里是喜鹊的栖息地，每到冬天，喜鹊都在果树上筑巢过冬。有一年冬天，天特别冷，下了很大的雪，几百只找不到食物的喜鹊一夜之间都被冻死了。第二年，柿子树重新吐绿发芽，开花结果了。但是就在这时，一种不知名的毛虫突然泛滥成灾，那年柿子几乎绝产。

从那以后，每年秋天收获柿子时，人们都会留下一些柿子，作为喜鹊过冬的食物。留在树上的柿子吸引了许多喜鹊到这里度过冬天。喜鹊仿佛也会感恩，春天也不飞走，整天忙着捕捉树上的虫子，从而保证了这一年柿子的丰收。

故事的结尾，这样写道：在收获的季节里，别忘了留一些柿子在树上。因为，给别人留有余地，往往就是给自己留下了生机和希望。自然界里的一切，都是相互依存的，一荣俱荣，一损俱损。

亲爱的读者，你觉得这个故事咋样？

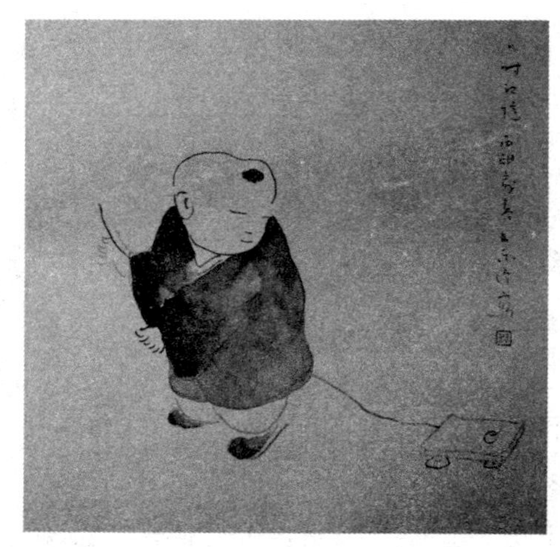

为何“仗义常是屠狗辈”

安　青

“仗义常是屠狗辈，负心多为读书人。”这句话我很久以前就读到过，只是没有予以太多的留意。最近我在一篇文章中又读到了这句话。不知是什么原因，我竟然对它回味、琢磨了好几天。

回味、琢磨的结果是，我认为这句话在一定程度上反映了一种客观现实：一些地位卑微、没什么文化的屠狗之辈常常能做到行侠仗义，而一些有身份有地位的读书人往往会做出龌龊的负心之事。这就说明，一个人的道德水平，与他的文化水平乃至出身、地位没有必然的正向联系。

先说抗日战争时期，当时国难当头，人民群众深明大义，在“誓死不当亡国奴”的信念鼓舞下，中华大地上到处涌现“妻子送郎上战场，母亲叫儿打东洋”的动人场面。中国共产党顺应民心民意，毅然举起抗日民族统一战线的旗帜，燃起了全民抗战的烽火。可同为中国人，饱读诗书的汪精卫、周作人之流，竟然对日本人奴颜媚骨、卑躬屈膝，当起了可耻可恶的大汉奸。

再说汶川大地震，当时举国震惊哀恸之余，地不分南北，人无分老幼，人人踊跃捐献，以救受难同胞。其间，竟然发生了“诈捐”之事。这“诈捐”之事谁干的？后来查明，竟是名人所为。

在当今的媒体上，我们不难看到一些非常感人的报道。比如，大量收留流浪儿、残障儿并抚育他们成长的，竟然是一些地位卑微、生活清苦的老翁老妪；而与此同时，一些满腹学问、位高权重的官员，却常常干出贪得无厌、令人齿冷的龌龊勾当。

为什么会出现这些反差如此之大的社会现象？难道我们由此可以得出“读书越多越反动”的结论？当然不能。

读书可以益智，读书可以明理。这是千百年来古今中外人民的共识。推动历史前进、引领人类文明的毕竟是读书人，尤其是他们当中的杰出代表，也就是那些伟大的思想家、政治家、科学家和文学家。但为什么读书人中容易出现为人类所不齿的“负心人”呢？

我以为，这其中起关键作用的是欲望。

是的，是欲望，是无法遏制的欲望，毁掉了一些读书人的正常心智。

地位卑微的屠狗之辈，虽然他们没读书或读书不多，但他们一般没有过多的欲望，且又懂得做人的基本道理，所以他们容易做出行侠仗义之事。而一些读书人，虽然饱读诗书，但随着地位的提升，欲望也随之增多，甚至日益膨胀，如果不加以有效的控制，行为就会失常，从而滑入罪恶的深渊。正所谓：贪如水，不遏则滔天；欲如火，不遏则燎原。

说到底，一个人变好变坏不在于读书的多和少，而在于他是否具有正确的人生观和价值观。

所以，在任何时候，我们都必须时时校正自己的人生观和价值观。

参与慈善，企业更兴旺

张　弢

前不久，我在衡阳职业经理人协会的微信群发出倡议：组织所在企业全体员工参加“慈善一日捐”活动，得到了不少会员的响应与支持，让我很是感动。

我之所以提出这个倡议，可不仅仅是为了“慈善一日捐”多点捐款，而是认为：一个称职的企业管理者，绝对不会忽略对员工队伍的善心爱心培育，也不会忽略对社会公益事业的参与。

在倡议中，我提到，“培育和彰显员工的爱心和社会责任感，是企业管理的特效秘诀，是企业文化的核心价值，也是企业形象的最佳展示”。这应该是一句经验之谈。我所在的企业“香江百货”，是一家拥有数千员工的民营企业。这些年来，我们一直致力于营造以“爱在香江”为核心元素的企业文化氛围，引导大家“爱自己、爱家人、爱员工、爱顾客、爱股东、爱企业、爱商品、爱万事万物”。在企业内部，员工若有急难，大家出手相助，已是蔚然成风。对于社会上的公益慈善事业，我们也经常组织员工参与。如“保护母亲河行动”，我们坚持了多年；无偿献血活动，我们组织了多次；衡阳“11·3”大火、碧丽斯风灾、汶川地震、舟曲泥石流等，我们都动员了员工捐款；衡阳“慈善一日捐”活动，我们已经连续四年参与；去年，我们还在全市率先成立了企业慈善分会，广大员工自愿加入，每月捐款3元，建立内部慈善基金。爱心，就这样一点一点，一次一次，在传递中浓郁，在奉献中升华。这些年，由于市场不景气，不少零售企业陷入困境，“香江百货”的经营、效益和服务水平却连年稳步提升，成为全国超市行业注目的标杆，前来参观、考察、调研、跟班学习、参与现场培训的同行与学者终日络绎不绝。为什么？我只想到一个原因，我们拥有一支富有爱心和责任感的员工队伍。这样的企业，同样会源源不断地得到来自市场、政府和社会的善意回报。尤其是在困难时节，往往会获得意想不到的援助。就如稻盛和夫所说，获得“神灵给予的赏赐”。

可是，我也看到，这几年衡阳市的“慈善一日捐”，企业尤其是民营企业的参与度却并不高。为此，前年，慈善总会特别策划了一次“慈善马拉松挑战赛”，结果被点名挑战的一百多家企业没有几家回应。我想问题应该出在企业管理者身上，许多经理人可能还没有感受到爱心在企业管理中的超常能量与神奇效应。

还记得2008年汶川大地震，王石的“逼捐门”事件吗？王石是我素来敬佩的优秀企业家，也是一名卓越的职业经理人。而且他的观点“不要让慈善成为企业的负担”，我也完全赞同。可是他却为这句话付出了惨痛的代价：不光是铺天盖地的口水，万科的市值就蒸发了200多亿。为什么会这样？因为再牛的企业，也不能脱离这个社会，更不能得罪这个社会。

因此，我在倡议信最后写下一句“口头禅”：参与慈善，企业更兴旺。

倡导慈善，何乐而不为？

张　弢

在衡阳职协中秋联谊会上，我再一次上台，向会员们发出倡议：动员所在企业员工参与“慈善一日捐”活动。这段时期，只要有机会，我总是乐此不疲地与人谈慈善讲公益。有人形容，我也是“苦口婆心”了。

然而，也有人给我发来一篇链接文《张维迎：强迫别人做慈善是最大的不道德》。作为知名学者、经济学家，张维迎是一个颇有争议的公众人物，最近与林毅夫又为国家产业政策展开了激烈争论，引起人们关注。虽说我对他的许多观点持赞同态度，比如“应当取消国家产业政策”“发展经济要靠柳传志，不能靠周小川”。但他的这篇文章，我却断然不能苟同。强迫别人做慈善，固然不道德，但何以成为“最大的不道德”？难道会比那些教别人去做恶事做坏事，坑蒙拐骗，烧杀掳掠，还要不道德？即便是真理，往往多走一步，立马变成谬误！

纵观人类文化，不分种族，不论阶级，不讲学派，千百年来，都贯穿着一个亘古不变的指向：扬善抑恶。特别是宗教文化，更是以劝善为核心价值。前不久，我写《参与慈善，企业更兴旺》一文后，朋友阳小凯先生有一段回复：“慈善与佛教的福来福往相对接；慈善与儒教的仁者爱人相对接；慈善与现代政治的救济弱者理念相对接；慈善与现代哲学的换位宽容救赎责任相对接；慈善与公民的权利义务共存相对接；慈善与任何法人组织的社会责任和利益相对接；慈善与人类过去现在未来的人道人性良知道德相对接。”我认为很有道理。扬善或者说劝善，应该是每一个人都不能推卸的责任。否则，就不要妄议道德。

为什么要劝善？大道理不必多讲。就以衡阳市的“慈善一日捐”为例，上级的要求是“全覆盖、无死角”，可推行了几年，企业特别是民营企业的参与度一直不理想，估计不到30%。据我了解，不少企业管理者存在一种认知误区，认为慈善捐款是一种付出、一种负担，尤其是要组织全体员工参加，有难度，也担心有副作用。而我在王一集团任职十多年，年年都在组织或动员大家捐款捐物、做慈善做公益，员工在爱心的传递中增强了对企业的归属感，企业在爱心的传递中提升了自身的竞争力，我们也一样从顾客、从市场、从社会得到了源源不断的善意回报。十多年的管理经验让我相信，企业参与慈善，有付出，也有回报；既利人，同样利己；不是负担，而是收益；而动员全体员工参与慈善公益事业，更是现代企业管理的特效秘诀。培育一支有爱心有责任感的员工团队，才是我们带领企业决胜市场走向辉煌的不二法宝。

把这份体验与职业经理人分享，让更多的企业管理者拓宽眼界，传递爱心，担当责任，参与慈善，在奉献中收获，在分享中升华。这等利国利民、益人益己的事，我们何乐而不为？

在这个“薄情”的世界深情地活着

张　弢

周末闲来无事，翻看林帝浣的书画随笔集《等一朵花开》，作者是中山大学的老师，用水墨画给时下流行的一些温暖的句子配图，显得尤其温润而亲切。其中的一幅“在这个薄情的世界深情地活着”，让我颇有感触。

北漂来京已有两月，完全进入到一个陌生人社会。虽说这里车水马龙、灯红酒绿、高官云集、精英荟萃，繁华而且喧嚣，然而来来往往的人群中，找不到一张认识你的面容。坐在地铁里，大家都在拨弄手机，个个旁若无人；走在大街上，路人全然面无表情，一一擦肩而过。白天在单位，与同事还有三五句交流，一到下班，便陷入无语状态。对于久已习惯一天到晚都与熟人相处的我，这种寂静与孤独的日子委实来得有点突然。

不过，无须抱怨。在最热闹的地方品味最冷清的孤独，说不定是一种福气呢！这个世界已经太嘈杂。互联网的普及让人际交流越来越便捷，海量的真假信息却严重地麻木了人们的识别神经；手机中充斥着五花八门的“心灵鸡汤”，薄情与冷漠却像“禽流感”一样蔓延；人们的物质文化生活似乎越来越丰富，精神园地却日甚一日地荒芜起来。世俗如我，当然也不例外，虽说衣食不愁了，可在内心深处，却一样弥漫着种种困惑、焦躁与不安。我明白，这是个人修行不够，应当关注被自己放逐已久的心灵了。北京的热闹与陌生，或许能为我提供一个别样的“静修”机会？王阳明好像就说过，清心，并非是舍弃人事而独居求静。

在陌生的热闹中，我开始怀疑。如今这个世界，果真是我所感觉的那样，薄情而冷漠吗？如此日新月异的科技进步，如此突飞猛进的经济发展，如此气象万千的社会变迁，如此丰富多彩的文化繁荣，难道不是亿万人民同心同力的激情创造，而是人与人之间互相隔阂、互相戒备、互相冲突、互相抵消的成果？

在热闹的陌生中，我开始思考。之所以觉得这个世界薄情而冷漠，会不会自己也是一个薄情而冷漠的人？我曾写过一篇文章《说说我的冷漠症》，进行过反思。想想几十年来，对亲人、对朋友、对同事、对同学、对熟人、对陌生人，自己做得怎么样，心里就发虚，就汗颜。哲人早就说过，我们怎么看待世界，就会怎么看待自己；同理，我们是一个什么样的人，世界就会向我们呈现什么样子。如果我们总是不自觉地把世界看成是一个冷漠的、恶意的、混乱的、充满着对立和斗争的角斗场，那么我们如何指望世界回报给我们一个温暖的、善意的、澄明的、充满爱和幸福的人生呢？

大企业家洛克菲勒说过："这世界就是一面巨大的镜子：你是什么样，它就照出什么样；如果你充满爱意、友善、乐于助人，那么世界同样会展现给你爱意、友善、乐于助人。"

如此说来，错在我自己，需要拯救的，也是我自己。

北漂，也许是一次契机，让我重新认识自己。从今以后，我得试着改变自己，在这个"薄情"的世界里，深情地活着……

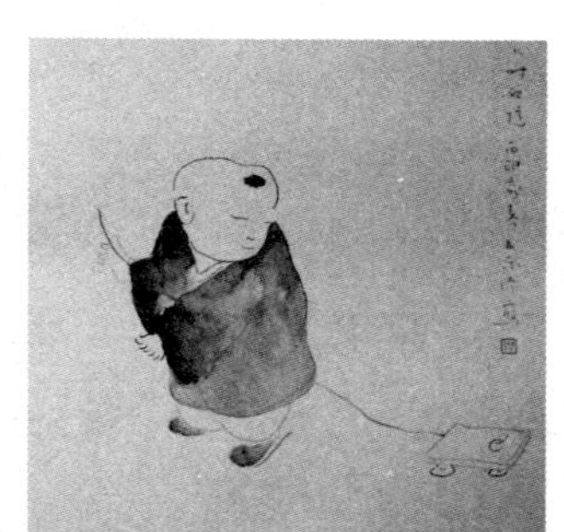

扬善报

学会分享

新 功

印度是个穷人很多的国家。但是穷人并非是我们想象中的活得那么惨不忍睹。为什么呢？有人注意到，这个国家善于分享。举个例，每家每户早餐做的大饼，第一份不是自己吃，而是拿来送给街上饥饿的穷人果腹。有一个外国人在印度新德里坐了一辆人力三轮车，车夫不像有的人那样漫天要价、推荐旅馆，讲到自己的三个小孩，掩饰不住的喜悦。到达目的地后，乘客按规矩付足车费，并送上三颗精美的糖果，请车夫转送给他的孩子。车夫当然很感激。可就在这时，一乞丐带着一个孩子向车夫伸手，车夫毫不犹豫一点也不吝惜地拿出其中的一颗糖给了乞丐。乘客在一旁十分不解，问车夫："那你的小孩不是有一个吃不到糖果了？"车夫答："可别人吃到了有什么不好呢？三颗糖两家都吃到了，快乐的不是又多了一家？"

独享变成了分享，分享让人如沐春风，传递的是快乐，体现的是善意。

分享是种境界，"一人乐，不如众人乐"；一人有，不如大家有。能跳出自我，主动关注他人，不是"叫花子烤火——往怀里扒"的自私，不是一事当前，先替自己打算的狭隘，不是宁愿浪费生怕别人沾光得好处，当铁公鸡一毛不拔的短浅。眼界开了，境界就高了。跳出自我，可能一时办不到"先天下之忧而忧，后天下之乐而乐"，但至少不至于"小气"得那么俗不可耐，会有分享的潜意识，自觉而主动地有了分享的概念。

分享是责任。人天生有一种自私性，一旦坚持不去改变，就可能固守自我。比如物质财富，我的就是我的。没有想变有，有了想更有，多多益善，没完没了。很少人会觉得现在拥有的已经够了。而一旦拥有，小心翼翼当守财奴，即使有人需要他雪中送炭，帮一下可以走出厄运，或者可解燃眉之急，帮一下，举手之劳，他也无动于衷。为什么？凭什么？一连串的发问和质疑。的确也是勉强不得。这里有人忽视了一个基本事实，虽然物质财富是企业、个人创造的，也来之不易，但是却占用了社会资源。既然如此就必须承担社会责任，成果应该可以让人分享，做与不做，做多做少，由个人决定。但这种责任不能缺失。缺失责任，至少于心不安，百口难辩。多少的解释都有牵强附会之嫌。

分享是快乐。快乐是人生的最高精神追求。每个人都向往内心的愉悦。这样，生活才会充满阳光。有人苦中作乐，有人把自己的快乐建立在别人的痛苦之上，有人自我安慰，擅长阿 Q 的精神胜利法。源自内心的那种天生之乐、自然之乐、豪放之乐、平凡之乐愈来愈难得。功利性的终点逼仄了人们的生活通道，焦虑、焦躁、抱怨、烦恼弥漫在身边，欲罢不能。而稍微留心一点就会发现，快乐就在每个人的身边。比如，分享就能得到意想不到的快乐。印度街头，那坐车的把三颗糖分享给三轮车夫是快乐，而三轮车夫顺手把其中一颗糖给了乞丐，传递了快乐。一颗小小的糖，承载如此之重！只有在分享中才能充分感受到。如果自己吃了这颗糖是无法体会得到的，别人吃比自己吃更有味道。

然而，在喧嚣浮华的年代，红尘滚滚，不提奉献，就是选择分享都是一件不容易的事。有的人活在以自我为中心的世界里难以走出。

慈善事业，可以简单地理解为分享：分享智慧，分享财富，分享劳动，分享快乐。

如果有更多的人选择分享，那么慈善就会蔚然成风。

做个好人其实不难，完全可以从学会分享开始。不妨试试。

慈善是一种自我完善

张　弢

我的一位朋友，经营着一家小小的企业，效益并不显著。然而他却十分热心于慈善公益事业，有过不少善行。最近又在张罗一场名家字画拍卖会，说要将拍卖所得全部捐赠给慈善总会。我问他何以这般热心，他说帮助了别人，自己心里就舒服。

舒服是一种内心体验，它源于对自我价值和人格的认识。当这种自我意识能得到他人和社会的认可时，心中便会产生一种愉悦感。反之，就会产生一种内疚感。慈善，从某种角度看，也是行善者对自我价值和人格的一次验证。埃里克森认为，人的自我意识发展持续一生并分为八个阶段，八个阶段由遗传决定，但每一个阶段能否顺利度过却是由环境来决定，也就是由外界来认定。比尔·盖茨在微软事业如日中天时，将自己的全部财产580亿美元捐赠给名下的慈善基金会，并宣布从微软退休，专心做慈善事业。股神巴菲特，将300亿的股票注入盖茨夫妇的慈善基金会。香港大亨邵逸夫捐资上百亿港币，在内地建了数千所逸夫楼，资助教育事业。中国首富王健林前不久宣布，希望像盖茨一样，专职做慈善。还有阿里巴巴的马云，捐资145亿元设立教育基金。为什么这些企业家都不约而同地选择了做慈善？难道他们的成就感还不够吗？如果用马克思的“人的本质是一切社会关系的总和”来推论，企业家热衷于慈善事业，正是他们对自身价值的认知，需要与社会关系的认可相互印证，才能完整实现，并确立起自己的成就感和愉悦感。更直白地说吧，企业家投身慈善事业，为的是完善自我、成就自我和实现自我。

然而，这个社会上也有另一种人，不惜践踏法律、道德和良知，不择手段地疯狂敛财。不过，这些人尽管富有，尽管显赫，却永远无法在内心获得起码的安全感，因为他们对自己的价值认知与社会的评价是完全相悖的。一旦事发，不是获刑坐牢，就是自杀外逃，追悔莫及。即使未被察觉，也会提心吊胆，坐拥财富而不敢示人，惶惶不可终日。这就是王阳明所指的“恶人之心失其本体”。他们的人格是分裂的，他们的内心是阴暗的，他们的人生，也注定了惨淡。

我们普通人当然没有能力像比尔·盖茨他们一样去大手笔做慈善。但我们同样需要肯定自我和完善自我，拥有健全的人格和愉悦的心态，“做最好的自己”。服务社会，帮助他人，则是我们验证自己人生价值的最佳选择。

所以，慈善，不仅仅是一种爱的奉献，更是一种自我完善。

唯愿“学子”不“寒门”

安　青

在时下的媒体上，每每看到不少关于捐助“寒门学子”的新闻，心头既温暖又酸楚。温暖的是，我们这个社会毕竟好人多，充满了人间真情；酸楚的是，我们这个社会为什么总有这么多“寒门学子”？

从字面上看，所谓“寒门学子”，就是指那些出身贫寒、无力支付学费的学生。在上个世纪的八九十年代，“寒门学子”还不算是一个太刺眼的字眼。那个时候，在大学里就读的大多数都是“寒门学子”。而那时的大学收费也不太高，即使家庭条件差一点，顺利读完四年大学不是一件太困难的事。而且，正因为出身于“寒门”，学子们都能刻苦攻读，学有所成，走向社会成了各行各业的栋梁。从中央到地方，相当一部分官员都曾是“寒门学子”。

这也就是每当我看到捐助“寒门学子”新闻，心里感到特别温暖的原因。如果条件允许，我也愿意加入到捐助“寒门学子”的行列。也许我捐助的某位“寒门学子”，说不定日后是一位卓越的政治家、科学家或文学家，岂不是一件人间美事？

而另一方面，我始终认为“寒门学子”绝对不是一个光鲜亮丽的字眼。至少它表明了我们这个国家还不够发达，我们这个社会还不够完善，还有欠公平。如果说在旧中国，“寒门学子”是一种必然现象，那么新中国已经成立六十多年，改革开放已经三十多年，经济建设已经取得辉煌的成就，而我们的社会还有这么多“寒门学子”，这就不能不说它是我们这个社会肌体上一块不应有的“伤疤”了。

对于学子而言，出身贫寒，毕竟不是一件好事。虽然它能激发人的斗志，成为改变命运的强大动力，但也毋庸讳言，贫寒也极易扭曲人的心灵，使人产生严重的自卑心理。以我本人来说，虽说我通过上学读书改变了贫寒的命运，但几十年来，我一直与贫寒所带来的自卑心理作着经常的斗争。我常常想，假如我不是出生在一个贫寒之家，而是出身于一个小康之家，我一定能取得比今天更大的成就。因为富裕，我就不会用太多的时间和精力去为生计而打拼，我会在一个更高的层面上拥有一个辽阔而高远的精神世界，从而让自己的灵魂摆脱物质的羁绊，更轻盈灵动地自由飞翔。

前面说到，我们今天各行各业的栋梁，大多出身于“寒门”。但也毋庸讳言，今天大多数被抓的贪官，同样也出身于“寒门”。为什么那么多的贪官对金钱有着变态的占有心理？原因当然有很多很多，但不容忽视的一个原因是，这些贪官小时候的贫寒经历，对他们来说是一个可怕的记忆。对贫寒的恐惧促使他们对金钱伸出了罪恶的双手。

从全世界范围来看，那些有着卓越建树的伟大人物，譬如爱因斯坦、托尔斯泰、巴尔扎克、施特劳斯等，有几人是出身于贫寒之家？前些年网络上有一篇题为“贫寒难再出贵子”的文章，读后我深有感触。

党的十八大提出在2020年全面建成小康社会，我为之欢欣鼓舞。全面建成小康社会，就意味着全中国人民普遍摆脱了贫穷，奔向了小康，这也就意味着“寒门学子”将成为一个极个别的现象。当然，在这个愿景实现之前，我们应该伸出热情的双手，积极捐助众多的“寒门学子”，从而为全面实现小康社会打下坚实的基础。

一句话，“安得广厦千万间”，唯愿“学子”不“寒门”！

善良是选择

新　功

拥挤得一塌糊涂的火车上，一座难求。

一位羸弱的老人买的是站票。上车后看到有个空座位，不假思索、迫不及待地坐下去。心想，有人来了再让出来不迟。火车开动，一路疾驰，并不见有人出现。这位老人为自己庆幸，不断地向周围的人表明，自己今天有多么幸运！这么挤居然坐上了一个空座位，幸福一直这么写在老人的脸上。

查票了。列车员查到一位年轻姑娘的票，一看正是那位老人占着的座位号。而这姑娘有一大堆行李，而且有一只脚还不方便。因为站久了的缘故，累得脸色苍白。列车员问她，为什么不坐到本属自己的位子上去。姑娘答："我坐那，老人不就没座了？""那你为什么不告诉他？"列车员追问。姑娘说："那样会使老人难堪。"

几句话，温暖了一车厢的人。

残疾女孩给老人让座，不是让一站两站，而是贯穿长长的旅途。不是几分几秒，而是久久的时间。虽然不是奋不顾身、舍己救人那般壮烈，但也不是想象中的如此容易。

有人说过，聪明是天生，而善良是选择。

就是说，这善良不善良有时候就在举手投足的细微处，电光火石的一瞬间。

可以选择，做与不做，这样做或那样做。

在这列火车上，这位姑娘用自己的方式选择了善良。

很具体，很直接。

座位票是这位姑娘掏钱买的，有权坐的只能是她。谁都明白在火车上站与坐，尤其是拥挤人群中的站与一人一座的坐，有着天壤之别。久站，耗费的不只是体力。何况这姑娘自己还是一个残疾人。一开始，她应该也没想到会碰到这种情况。她完全可以理直气壮地站出来，要回自己的座位，堂而皇之地坐上去。那老人只有让座，旁人也不好说什么。因为座位本来就是她掏钱买的，而且她脚还不方便。

但是这姑娘没有这样做，把本属于自己的享受让给了别人，自己一路承受颠簸，饱受站立之苦。

坐就坐了吧！可那老人还以为是自己运气好，碰上了，一路炫耀着，还不知道旁边有位残疾女孩是这座位的主人，默默无闻、毫无怨言地被挤着，硬站着。得了好处，还不知道人家的好。而这位姑娘听任得了好处的老人滔滔不绝地自我陶醉。

这位姑娘已经让座，这个时候本可以明白无误地告诉那兴高采烈的老人，不是你有多幸运，而是我让给你的。但是这姑娘还是没有这样做。她明白，这样说，只能给老人难堪。何不让他就这样被幸福包围着？

这样的选择说难不难，说不难也难。

人的一生有时繁复，有时简单，就看怎么选择。

善良又何尝不是如此呢？

这位姑娘碰到的这件事，可繁复，可简单。就看把方便要回来，还是让给别人。

要回座位，自己不方便，别人却方便。

这诠释的就是善良。

只是事到临头，很多人很难做到。

有时善良的选择不只出于勇气，而是历久弥深的积淀，发自灵魂深处的芬芳。

说说可以，做选择却不是那么容易。

总是反复权衡得失，只会迷了心智，乱了阵脚。

分享才会更快乐

新　功

也有天上掉馅饼的事。

加拿大蒙格利市有位经营肉食店的老板叫乔尔·伊诺夫。因为家境贫寒，为了讨生计，他从葡萄牙移居到加拿大，几十年来一直惨淡地经营着这个店。

有一天，他在一家投注站投了10加元，和绝大多数人一样，投了就投了，根本没放在心上。没想到赢得1500万加元（1加元约合5元人民币）大奖。得知消息后，他当时大脑一片空白。回过神来后，喜极而泣，接着号啕大哭。毕竟喜出望外，这巨额奖金来得太突然、太容易。

赢得了大奖，没有理由不高兴。接下来他可以有很多的选择。最简单的就是关门停业，坐享清福。这么一大笔钱，够一生花的了。

然而他没有。经过思考后，他做了三项决定：

第一，给店里的128名员工每人发一万加元的快乐奖。理由是：他爱他们每一个人，是员工的努力工作才给他带来好运气。

第二，送出一万盒鸡腿，并在每个鸡腿盒中放了一千加元，发放给当地的穷人。

第三，肉食店以后照开，就是赔本也开。因为当地的生活离不开肉食。

之所以这样做，是因为他认为自己中了大奖，应该与大家分享，不能独享。用这种方式感激店里所有的员工，同时也为当地做点慈善。这样，快乐一分享，才会更快乐。

果然，员工们喜悦之情难以言表，都表示今后一定会努力工作，让快乐延续到每一天。

得到重礼的当地穷人也十分感恩，纷纷称赞这位老板的仁慈之心，祝福他有好报。

而毫无疑问，他毫不吝啬的快乐之心将支撑着他的事业越做越大。

然而，这事看起来简单，做起来却不容易。

要乐于让人分享。当然一个人完全有权利支配自己的合法财产，何况是中奖的奖金，爱怎么花就怎么花，他自己也十分需要这笔钱。而其生意经营惨淡，生活并不宽裕。拥有这笔钱，立马可以改变一切。然而，他却能慷慨解囊，一掷千金，可见并不是见钱眼开、一毛不拔的铁公鸡，有胸怀、度量。

要善于让人分享。让人分享并不是恩赐和施舍。分享给员工的理由充足，是因为员工的努力才有店子的今天，给店子带来了好运气。分享给当地穷人的方式也让他们好接受。鸡腿盒饭里放现金，至少不那么唐突。不是给钱的就是救世主，非得让人感恩。他这样做，一点都不张扬，十分自然得体。每个得以分享的人的心里都暖洋洋的，心生敬意。

要敢于让人分享。不计眼前利益，不患得患失，不急功近利。“一人乐，不如众人乐”，减少了钱，却增加了快乐。而且快乐一经传递，传播的是正知、正念、正能量。福报越大，正能量就越强。一个人可能会因为这种分享而更具正能量，一个地方也可能会因这种分享而更文明，更向上。

快乐一经分享便会发酵，而在发酵中自己也会更快乐。

我们也会衰老，我们也会摔倒

张　弢

淮安女大学生称自己扶老人被讹一案，历经一波三折，总算水落石出，据交警部门出具的事故认定书，女大学生骑车经过老人时身体互有接触，应负主要责任。由此而引发的新一轮“老人摔倒该不该扶”网络讨论，仍在无聊地延续着。

平心而论，在关于“扶与不扶”的各种意见中，包括“老人变坏了”“坏人变老了”，都还多少有几分理性。然而，有人居然在网上喊出“珍爱生命，远离老人”，这实在是一句不能容忍的非人性、非理性的妖言。此论不驳，于心何安？

我在想，喊出“珍爱生命，远离老人”的人，包括附和者，应该要有非常强悍乃至畸形的心理准备。第一，他们家没有老人，一个都没有，否则岂不是要远离家庭？第二，他们也不会老，永远也不会，不然如何远离自己？如果真有这样的心理，我还得补充一句，这已不是人的心理，而是动物的心理。动物也有心理，它们只认可弱肉强食。

作为将老未老之人，我先前很为两种人担忧：一种是我的长辈，他们已年至耄耋，颤颤巍巍的，一旦出门在外，发个急病或者摔个跤，又得不到及时救治，我将情何以堪？一种是我的孙辈，他们还年幼无知，懵懵懂懂的，万一碰上人贩子或者车祸，有个三长两短，我该如何承受？这种事情，对谁来说，都是一场家庭悲剧，会引发亲人们永久的伤痛。由此，我深切地体会到古人所倡导的“老吾老以及人之老，幼吾幼以及人之幼”，是一种多么美好的社会伦理。

现在，我也开始为自己担忧。作为出生于20世纪50年代的人，我正在步入老年行列。到了老年，难道要成为“被嫌弃的一代”？更何况，全国还有数百万“失独老人”！

不过，我还是坚信，这种状况不会出现。第一，党和政府决不会坐视不管。第二，中国深厚的伦理观念不能容许。第三，那些在网上声称“不能扶”“不敢扶”“不会扶”“要远离”的人，他们并不代表当今年轻人的主体，不过是在“拜金主义”的浊浪中，迷失了自我，又自以为是的一群，他们的“良知”一定还在。对于这些人，我们应当给一个提醒：别以为自己年轻，别觉得自己强势，和我们一样，你们，也会衰老，也会摔倒。

假如没有警察证明

新　功

有人掉钱包，就有人捡钱包，平常而正常。而一旦掺和着杂念，就会变得复杂而敏感，远远没有掉与捡那么简单。

有一个人顺手捡了一个钱包，这钱包中除了证件外，现金只有 87.5 元。按照钱包里资料中的电话号码打过去，着急的失者赶紧来拿，拾者想也没想递过去。以为对方至少会给个笑脸，道声感谢。孰料那人拿到钱包后，铁青的脸紧绷着，拽住拾者不放，大声嚷道：我这钱包原来有 4000 元，如今怎么只有这几十元钱了？你要感谢费我可以给，不能这样占便宜！这一闹，立刻引起了路人的围观，拾者有口难辩，急得脸红脖子粗，不知怎么办。这时，一名警察走了过来，拿起钱包一看就明白是怎么回事，斥责掉钱包的人是讹诈，太不应该。为什么呢？因为那钱包太小，不可能装下那么多钱。明白了事实真相后，路人也纷纷指责那个人的无耻，拾者这才轻松脱身。

这个人压根儿没想到捡钱包会捡个“烫手山芋”，差点惹上大麻烦。假如没有警察证明，就有可能要赔钱和损坏自己的名誉，至少会被缠住不放。

这事一想起来，不仅是当事人，任何人想起来都会害怕。这钱包掉不掉是别人的事，而捡不捡是自己的事。

如果选择不捡，完全有理由，当然也无可指责。

只要一捡，后果很难预料。说不准惹祸上身，哪有次次碰上警察来证明的幸运。

捡与不捡，就是如此尴尬。

换个角度看，或许会淡定、从容许多。

其实自己的态度、行为、取舍并不需在乎外界，计较别人。

很简单，我捡钱包是凭良心、讲道德。将心比心，掉了钱包谁都会着急。别人讹诈了也好，栽赃也罢，那是别人不讲良心、不讲道德。别人的劣迹可以看不惯，可以指责，但不至于影响自己的心情和行为。如果说别人这样，我为什么不可以这样，那你与别人又有何区别呢?

这种计较没完没了，以此为借口，还以为冠冕堂皇，自己烘干自己那颗“潮湿的心”。

善心是发自一个人灵魂深处的芬芳。做点好事、善事是出自内心、完全自觉，与外界无关，与别人无关。

发现别人掉钱包，捡起来天经地义。就是没有警察证明也会去捡，别人敲诈也会去捡。

只要人人都是这样想、这样做，事情远远没有那么复杂和可怕。

一个人做点好事并不难，难的是去除顾忌。解开心结方可减少纠结。

“好人有好报”的科学依据

安　青

好人有好报。这是千百年来中国人所信奉的最朴素、最本真的日常哲学。它不仅反映了中国人总体向善的美好愿望，也是被无数事实反复证明了的一条黄金定律。

好人之所以有好报，是因为它符合“因果同一律”，即善因结善果，恶因结恶果。用老百姓的话来说，“种豆得豆，种瓜得瓜”，“栽什么树苗结什么果，撒什么种子开什么花”。

当然，由于社会生活的复杂，确实常常发生“好人未必有好报”的恶剧。之所以如此，一是一定范围内丑恶势力当道，二是某种社会观念的扭曲或缺失，三是种种不可预测的偶然性因素。尽管如此，也无法从根本上改变“好人有好报”这一黄金定律。因为“好人有好报”符合天道，顺应人心。

说实话，我之所以写此小文，是因为我最近在网上读到了一篇题为“善恶有报是真正的科学”的报道。这篇报道第一次为“好人有好报”提供了科学的依据。这实在是让人大开眼界，令人大喜过望。

这篇报道说，英美两所大学即加德夫大学与德州大学的联合研究显示，“恶有恶报”有科学根据。统计发现，少年罪犯的身体比起同年龄的守法少年强壮，但当他们步入中年之后，健康状况就急速下降，住院和残障的风险比正常人高出许多倍。这比较好理解，很可能跟犯人的不良生活习惯与心理状态有关系。

报道指出，科学家在神经化学领域的研究中发现了这样一种现象：当人心怀善念，积极思考时，人体内会分泌出令细胞健康的神经传导物质，免疫细胞也变得活跃，人就不容易生病。正念常存，人的免疫系统就强健；而当心存恶意，进行负面思考时，走的是相反的神经系统，即负向系统被激发启动，而正向系统被抑制住，身体机能的良性循环会被破坏，所以善良正直的人往往更加健康长寿。

报道称，美国有份杂志曾经发表过一篇题为“坏心情产生毒素”的研究报告。报告指出：在心理实验室中的试验显示，我们人类的恶念，能引起生理上的化学物质变化，在血液中产生一种毒素。当人在正常心态下向一个冰杯内吐气时，凝附着的是一种无色透明的物质；而当人处在怨恨、暴怒、恐惧、嫉妒的心情下，凝聚起的物体便分别显现出不同的颜色，通过化学分析得知，人的负面思想会使人的体液内产生毒素。

报道还指出，最近美国耶鲁大学和加州大学合作研究了“社会关系如何影响人的死亡率”课题，工作者随机抽取了7000人进行了长达9年的跟踪调查，统计研究发现，乐于助人且与他人相处融洽的人，其健康状况和预期寿命明显优于常怀恶意、心胸狭隘、损人利己的人，而后者的死亡率比正常人高出1.5倍到2倍。在不同种族、阶层、生活习惯的人群，都得出了相同的结论，于是科学家公布了研究成果：行善能延长人的寿命。而这些早在几千年前的中国古籍中就有系统的阐述，如孔子说过的“仁者寿”。

这篇报道文章篇幅很长，我不能全部抄下来。其实上面的这些文字已足以说明问题了。总之，“好人有好报”，不仅符合天道人心，更有着内在的科学依据。那么，就让我们都来做一个“好人”吧！

但愿"人善"不再"受人欺"

安 青

我在以前的多篇文章中曾谈到，中国人的本性总体是向善的。秉持善心、释放善意、践行善举始终是我们这个社会的主流。何以如此？是因为千百年来人们一直笃信：善有善报，恶有恶报。

但是，如果细细地审视中国的世俗文化，中国人的善恶观又是极其复杂的，有时甚至是互相矛盾的。比如，"人善受人欺，马善被人骑"，这句流传了千百年的话，在我们今天的日常生活中仍然还在流行，有时它甚至成为一些人的集体无意识。

不要小看了这句话的流行。这句话对于我们这个社会的戕害是深重的。它不但极大地妨碍了人们的总体向善和崇善，而且，如果任由它流行，必将严重阻碍我们建立一个有着公序良俗的文明社会。

如果仔细考究，这句话大多流行于"底层社会"，而且大多出自弱者之口。这句话的背后，确实反映了这样一个现实：弱者的权利得不到尊重，公平正义得不到伸张。无奈之余，人们便很自然地喊出这句流传了千百年的激愤之声：人善受人欺，马善被人骑！

既然这是流行于弱者的人生呼号，那么，它在一定程度上说明我们这个社会还存在着不公和不义的现象。而社会的不公不义，从根本上说是源于权力的任性、法治的缺失。试想一下，当法律成了社会公平与正义的守护神，当法律成了惩恶扬善的有力武器，人们还会发出"人善受人欺，马善被人骑”的呼号吗？

党的十八届四中全会提出全面依法治国的方略，对此我备感欢欣鼓舞。如果这个伟大的方略能得到全面落实，“人善受人欺，马善被人骑”的现象将会得到根治。但愿这一天早日到来！

“自作孽，不可活”

新　功

六个人旅游时迷路了。黑夜，奇冷。他们用临时捡来的可燃物烧火取暖。长夜漫漫，可燃烧的物品越来越少，那火呢，也越来越小。冷啊！他们感到了死亡的威胁，似乎闻到了死亡的味道。只有坚持到天亮才有办法。可到哪里去找可用来燃烧的物品啊？

其实，他们自己还是应该想到了——每个人手中还有一根粗大的防身木棍，六个人六根。一根一根烧，至少可以坚持一段时间。可是，却没有一个人开口，都紧紧地握着自己手中那根木棍，像看宝贝似的，生怕失去。火苗挣扎着跳动了几下，终于彻底熄灭了。逼人的寒气阵阵袭来，不可抵御。这六个人终于在绝望中被冻死。

人的生命，此时抵不上一根无生命的木棍。

本来木棍可以救他们的命，可是没有派上用场。

这些人与其说是被冻死，还不如说是死于自私。

为什么呢？死到临头。这些人都在打着小算盘：我的木棍被烧了，别人不烧怎么办？相互算计着，防备着，你望着我，我望着你。

这叫“自作孽，不可活”。明明有可能存活，却一个个选择了放弃。这种放弃就是放弃了生命。

人的自私是本性。但自私到了这个地步，连命都不要了，可怜可悲。

人活在这个世界上，有时是主观为别人，客观为自己。比如，这些人的木棍作柴烧，既温暖了别人，也同时温暖了自己。我这样，你这样，他这样，不就共渡难关，捡回性命？可惜他们没有这么想，更没有这么做。

在生命的旅程中，每个人都会有倒霉的时候，不可能都是“过五关，斩六将”的辉煌，谁都有“败走麦城”的可能。那么困难时期，同样需要别人的同情和帮助，“手牵手才不会跌倒”。互帮互助的力量远远大于一个人的努力。慈善公益就是要最大地发挥这种作用。

当然，帮助支持是相互的。

多少人的踊跃参与，表现出的是一种无疆的大爱，力有所及地做出种种努力。

但是总有这么一些人不为所动：你凭什么要我这样做？我为什么要这样做？似乎理由很坚挺。

说白了，这种人也像死死守住自己手中的那根木棍的人一样，自私得可怕。

至少他们没有明白一个道理，你今天帮助了别人，有一天你可能也需要别人帮助。你能说你额头上贴着“福”字，真的是一帆风顺？

做慈善不一定伟大，不做也不一定是自私。但是，似乎总是缺少了一点什么，当然，如果不在乎，也就无所谓了，别人也奈何不了。

不过，科学研究，善有善报有科学依据。不管别人信不信，反正有人信。

呵呵。

引一只蚂蚁上路

新　功

看到这么一篇文章。

说的是有位亿万富翁散步时，发现有个小孩蹲在河边，专心致志地在做着什么。忍不住好奇一问。小孩说，我在引一只蚂蚁上路呢！这只蚂蚁走散了，要让它找到队伍。这位富翁也蹲了下来，看得更仔细。果然，小孩在用一根草引导着落单的蚂蚁，慢慢地，慢慢地，蚂蚁终于找到了蚁群，同伴用角触触它，显然是欢迎它归队。这时，小孩露出了纤尘不染的微笑。

这一幕，让这位富翁深受启发。他乐善好施，曾经资助过无数人。但是不少人贫穷依旧。从这小孩引一只蚂蚁上路的行为中，他意识到自己做慈善的方式也要做大的调整。

有位贫困的母亲找到了他，以往，他总会给一笔钱，很简单直接，求助人也是这么想的。这回，他先不急于给钱，而是试探性地问这位母亲有什么特长。母亲说，有财会专长，因为失业才影响生活。他一听，主意立刻有了。让这位母亲到他下边的一个公司打工，试用三个月，如胜任，就长期聘用，先支付一个月的工资。那母亲喜出望外，立即赴任。后来做得出色，彻底改变了一家人的命运，而且公司多了一员干将。

又有一位大学生找到了他，说因为穷无法完成学业，请求帮助。以往，他也是给钱了事。这次，他让这大学生到他公司开在学校门口的商场去打工，提前支付部分工资。这位学生十分乐意地接受这个安排。几年后，这学生来拜访他，感谢他的指点。学生顺利完成了学业，而且因为当初的锻炼让其增长了才干，毕业后顺利创业，如今也小有成就。

文章写得生动感人。小孩的举动启发了富翁，富翁的行为又教育了人们。

见过这样扶贫的：送去牲畜，被宰杀吃了。送去稻种、豆种，被煮着吃了。因而这样的地方、这样的人一直穷着。

见过这样做慈善的：有求助的，给点钱给点物了事。

如同那位富翁那样，如果只简单地按惯例给钱，那么就没有那贫困母亲、那寒门学子的翻身，这样的扶贫、这样的慈善就只能是这样的效果。

慈善也要学着引一只蚂蚁上路。

扶贫，不仅要授人以鱼，还要授人以渔。关键要帮助当事人增强造血功能。

做慈善，与扶贫有些不同。有救急的时候，也有帮助其提高自我救助能力的时候，还要有建立良性机制的准备。

总之，还有比直接给物给钱更起作用的办法。

那就是，试着引一只蚂蚁上路。

沉默不是你的错

新　功

衡阳市首届慈善排行榜出炉了，此举在地市一级是首创，目的是营运慈善氛围，唤醒爱心。

而排行榜的结果一出来，感到奇怪的人还真不少，标准之低，人数之少，不好接受，不太理解。

至少说明两个问题，慈善还没热起来，做得不多，做得不大，也有做了的没入榜。

说说入榜的事，从操作层面讲，自己申报、各慈善组织推荐等 5 条渠道，是全部畅通的。也掌握了不少相对做得好的典型。但征求意见，个人坚持不同意报，只好作罢。比如，有位爱心人士一次捐给一个公益组织 1000 万元现金，目前为止，还没有谁超过这个数，个人入榜排第一，非他莫属。因为这个人的拒绝，只好放弃。

多少有点遗憾，而这种遗憾还不止这一例。

做好事并不为出名。不留名是个人的权利。

这个年代，“人怕出名，猪怕壮”。出名之后，至少有三怕：怕被“索捐”，你有钱，我没钱，随时可能有人找上门。你帮别人，为什么不帮我？反正你有钱，多出一点、少出一点无所谓。这样的纠缠，很可能会没完没了。二怕麻烦。有些部门、有些人会闻风而动，鸡蛋里挑刺，用放大镜找问题，无休无止，反复折腾，不把你搞得心力交瘁不罢休。怕当典型。采访、登报，一拨一拨，劳神费力。最害怕的还是媒体那穷追猛打的刨根究底，反复掏灵魂深处的东西，直到认为满意为止。

这些并不是危言耸听，风气如此，现实如此。

无奈之下选择沉默，是为清静，是为自保，是为安宁。

这样的不得已而为之，别人要尊重，会理解，能接受。

但是，也多少会感到遗憾。

仅就慈善排行榜发布而言，做得最多的没能入榜。数字不太好看，其实衡阳的慈善还不止这个水平，“肉埋在饭底下”。

更重要的是，这样的“重头戏”，影响力会更大，带动力会更强。看看，人家做得这么好，我们都可以来学！在这么样的背景下，人家还做得那么多，慈善有希望！这样，会给人以引导，以激励的信心。慈善才会更热，会有更多的人来做，做得更好！

有点遗憾才会发现不足。

但愿这种遗憾和不足越来越少。

不要忽略一颗种子的力量

张　弢

美国素来被称为“慈善捐赠大国”，在美国，一些富豪的巨额捐款总是显得十分引人注目。不久前，扎克伯格宣布捐出所持股份的99%，市值约450亿美元，而这并不是美国富豪捐款的最高纪录，在此之前，比尔·盖茨宣布捐出全部家产580亿美元。看起来美国的慈善捐赠似乎是由超级富豪们支撑起来的，但是数据显示，在美国每年高达3000亿美元的慈善捐赠中，约85%来自普通民众，而就参与面来说，美国有95.4%的家庭参与慈善捐赠。因此，真正支撑其庞大慈善捐赠规模的，实际上是广大普通民众。

但是在我国，还是有相当大一部分人群认为，做慈善，只是有钱人才能干的事。考虑到“悬殊”的收入分配现实，似乎也可以理解。可在实际上，这是一个慈善误区。

慈善的真正价值，其核心，已经可以透过字面意思传达出来。它绝不应该取决于捐赠数额的大小，更该取决于社会公众的参与程度。因为“慈”“善”归根到底是一种“慈悲为怀”“与人为善”的思想品质和人格境界，而并非是简单的钱财施舍。如果我们大家都能领会到慈善的真正意义，即便没有所谓超级富豪的参与，积少成多，涓涓细流最终能汇成江河，星星之火可以燎原，无数人的爱心远胜于某一个人的力量。

另一方面，中国有句老话，叫作“有钱出钱，有力出力”。捐钱的确是最直接的慈善，但做慈善并不仅仅只有捐钱才算。对于富人们来说，还可以利用自己的社会影响力，为慈善组织的运作提供帮助，为弱势群体争取更多的利益，授人以鱼不如授人以渔。而那些在慈善组织、医疗爱心机构做义工的人士，我们更加不应该忽略，他们也在行善，并且做的是无法用金钱来衡量的善行。

前几天，我在网络上看到一则报道，一个叫 Katie Stagliano 的美国孩子在自家后院种下一棵卷心菜，最后它长成了 40 磅的巨型卷心菜。她把它捐给了当地一家施济所，工作人员用卷心菜和火腿以及大米煮汤，分给低收入的人群，帮助了超过 275 人。看到一颗种子产生如此大的影响力，当时年仅 9 岁的她开始利用小学提供的一块地，建立社区菜园。如今，这个菜园每年收获的 3000 磅蔬菜都被捐给了当地慈善组织。此外，她还筹集资金，建立更多的社区菜园。Katie 的终极目标是能在美国 50 个州建立 500 个菜园。她说："我知道只靠一个人的力量解决不了饥饿问题，但一颗种子的力量有可能很强大。"

所以，我们每一个人，都不要忽视自己可以贡献出的力量。捐助一个贫困孩子，这是慈善；给贫困孩子送一本书或者上一堂课，这也是慈善。慈善，从来都不应该以金钱来衡量。不积跬步无以至千里，如果能够通过自己的行动，让更多的人心存善念，投身慈善事业，那才真是善莫大焉。

就慈善而言，我们总在期待果实累累，却往往忽略了一颗种子的作用。

可以想想“有人肯定比自己过得差”

新　功

最近，一段炫富的同学会的视频在网上流传。一名“土豪男”向空中撒钱8次。于是现场的同学到处找钱、抢钱，一片狼藉：喧闹的音乐，纷飞的钱币，“竞折腰”的同学。

有人这样分析，一些同学会往往变味了，过得好的一定要让别人知道自己过得好，就是过得不好的也硬要让别人知道自己过得好。这样，摆脸、有面子。这样“炫富”就不奇怪了。

也许，这名向空中撒钱8次的“土豪男”是真的太有钱了，多得到了花不完的地步。这样大方撒钱不心疼，就是要让人知道他一定比别人过得好。要的就是这个效果。

有钱就任性。怎么花是他自己的事，别人真的还不好说什么。

而哪一天才能够这么想：我是真的过得很好了，但是不是也有人会比自己过得差？有的甚至根本过不下去呢？

这样，就会发现有那么一些人，上不起学，住不上房，穿不上衣，看不上病。饥寒交迫，为生存在苦苦挣扎。每一笔善款都可能是他们的救命钱，每一个善举都可能是他们的福音。他们是那么需要钱……

如果能够把炫富行为变成扶贫济困的慈善，那么会给多少人雪中送炭，带来希望？

可惜的是，有人热衷于炫富，很少或者不会往这方面想。更多的是有了想更有，好了争更好。有了，好了，又可以炫富证明自己多么富有、多么伟大。

常常见到，往往有这类的有钱人，炫富厉害，不惜血本。而谈慈善一毛不拔，推个一干二净。

当然，对做慈善有拒绝的权利，也不能强迫。

但是，人之为人，多多少少还是要有点社会责任，要有点良知。这世上，有人陷入贫困，有人沦为穷人，也不是自己想这样，面对天灾人祸，谁都有这种可能。那么，扶贫帮困就是每一个人应担当的一种社会责任，可以选择用自己的方式进行，但不应该粗暴拒绝。

至少，可以炫富，也应该做慈善。

或者，多去想想那些受苦受难的人，这应当不难。

求表扬背后的辛酸

新　功

有个人，8 年来坚持捐资助学，金额达到 20 多万元。本来一直默默无闻地在做，可突然致电一家报纸，希望能表扬表扬他。此事经披露后，立刻引起如潮的议论，有理解、支持的，也有不理解、反对的。

他自己“求表扬”的初衷是，不是图名图利，满足虚荣心，而是希望能通过表扬他来感染其他人去做好事。理解和支持他行为的认为他坚持 8 年资助贫困学生，有着太多的不容易。他“求表扬”是善心的传播，如果是为了满足虚荣心，为什么当初默默地做？没有表扬，不也坚持下来了吗？

不理解、反对的则认为，做好事不应求回报，行善应如春雨，润物无声。不求表扬，人们会赞赏、佩服。而主动“求表扬”就变味了。

站在不同的角度去看待这事，各有各的说法，也不无道理。

只是有些事需要替当事人考虑，而不要凭想象、推测来发表意见。

有没有想到“求表扬”背后的辛酸？

我们习惯了明星们捐款有铺天盖地、连篇累牍的重磅报道，波涛汹涌让人喘不过气来，明星们被渲染得光芒四射。而平民百姓的“草根慈善”几乎被遮盖了，要么忽略不计，要么淡化漠视。

或许，平民百姓的地位不够显赫，或许一般人捐款的额度不够大，有人看不上眼。但是想到没有，当一个人手中只有一个面包却掰一半与饥饿的人分享，与那身家过亿却只捐1万元的相比，是哪个更不容易，更难得，更高贵？更值得表扬？更有感染力？

人人可慈善，不分贵贱。关键在参与，在坚持。“求表扬”的这个人捐的钱相对而言可能不算多，但也不少了。更重要的是已经坚持了8年，却从来没有主动要求表扬。这回“求表扬”恐怕也是出于无奈了，可以指责他这是“变味”，却为什么不去表扬，不去宣传他的方方面面呢？如果他自己不“求表扬”，可能永远不会有人知道。

当别人看不到自己的时候，主动喊一喊证实自己的存在其实还是必要的。

客观上也应该通过这样的表扬来传递正能量。

我愿永远为《慈善周刊》站台

安　青

屈指算来，再过上一段时间，《慈善周刊》的创办就满两周年了。我在《慈善周刊》上发表了数十篇文章，却从来没有在文章中谈到过《慈善周刊》本身，这似乎有点不太厚道。今天就来专门谈一谈。

《慈善周刊》由市慈善总会与《衡阳晚报》合办，旨在宣传衡阳的慈善事业，提升衡阳慈善工作的整体水平。现在看来，创办者的初衷应该是实现了。从《慈善周刊》的内容上看，慈善活动的频繁开展、捐助消息的密集发布，都有力地说明，在衡阳，有没有《慈善周刊》，慈善工作的效果确实是不一样的。

今天我不谈这些，慈善总会的领导对此自然会有全面的总结。我想从读者和社会的角度，着重谈一谈《慈善周刊》的意义。

无论是着眼于本市，还是放眼全国，这几十年来我们确实取得了长足的发展和进步。不论是国家还是个人，都从中获益多多。从国家的层面讲，我国的经济总量跃升为世界第二，国家的国际地位和国际形象都得到了极大的提升和改善。从个人层面讲，我们绝大多数人都能切身感受到发展带来的种种利好。但也无须讳言，在这发展的过程中，一些人由于种种不可抗拒的原因，从中获益不多，或者说有些人依然没有摆脱贫困。对于这些人，我们的媒体给予了必要的关注。但恕我直言，媒体这方面的关注还不太到位，总以为对贫困人口的过多关注会影响大好形势。所以在我们衡阳，《慈善周刊》的创办，正好弥补了这个缺陷，因而有着极大的现实意义。它能让我们冷静客观地看待现实，同时又能生动地体现党和政府对贫困人群的关怀。这是其一。

其二，《慈善周刊》的创办，能极大地激发人们的善心和善举。善心，根植于中国传统文化。孟子曰：恻隐之心，仁也。所谓恻隐之心，就是同情之心、悲悯之心。有了同情之心和悲悯之心，人们就会有善心和善举。一个充满善心和善举的社会，必定是一个和谐而温暖的社会。我发现，《慈善周刊》这些年所发的呼唤善心善举的报道，都能得到有效的回应。这就说明，我们衡阳不仅是一座有着丰富历史底蕴的城市，也是一座充满爱心的城市。如果此说能成立，那么我以为，《慈善周刊》这些年的努力绝对功不可没。

其三，《慈善周刊》丰富了《衡阳晚报》的内容和版面，极大地体现了媒体的党性和人民性。媒体必须要讲党性，同时要体现人民性，或者说党性要通过人民性才能得到实现。也就是说，报纸的读者越多，媒体党性的作用才能得到更好的发挥。《慈善周刊》的报道，一般是指向基层，按照当今的说法，非常“接地气”。这就为《衡阳晚报》赢得了更多的基层读者，也为慈善事业的有效开展提供了更广泛的群众基础。

《慈善周刊》的意义当然还可以谈出更多，但我想到的就是这些。当初，应新功先生之邀为《慈善周刊》写稿，我开始是抱着应付的态度，觉得自己是“下雨天打孩子——闲着也是闲着”。但时间久了，我竟然被《慈善周刊》的内容吸引住了，觉得自己为《慈善周刊》写稿是在从事一项伟大而光荣的事业。原来平凡平庸的内心，竟然升腾出一种庄严而崇高的情感。

我希望《慈善周刊》能长久地办下去。

我更希望自己永远能为《慈善周刊》站台。

旗袍与慈善

张　弢

上个周末，我应衡阳市旗袍文化协会会长刘芳女士之邀，去怡心园老年公寓参加“一件旗袍、一口老酒、一首老歌”慈善敬老活动，由此对旗袍有了新的认知。

去之前，我便暗忖：一群花枝招展、娉娉婷婷的旗袍女郎，与一群风烛残年、颤颤巍巍的孤寡老人交集在一块，该会多么不和谐，能美得起来吗？从小我就认为，旗袍是一种“臭美”。等到旗袍再度兴起的时候，我已过了赏花期，虽说不反感了，在心里却总觉得那不过是一种女人的外在美、形式美，与内在的气质、涵养并无多少关联。

因此，到了会场，我刻意选个后排角落坐下，以便提前离席。主持人请我上台讲话，也只是客套性地敷衍了几句。我在想，那些坐在前排的老爷爷老奶奶们，会不会打瞌睡呀？

表演开始了，伴着优美的旋律，一列列身着各种款式，鲜艳的、素雅的、华贵的、明媚的旗袍的美女款款地走上简易的 T 台，流动在一片白发苍苍的头顶上，犹如雪地上一簇簇飘移的鲜花。那转动的油纸伞、摇曳的香扇，像极了蹁跹的彩蝶，竟有一种生动的反差美。再看那些爷爷奶奶们，无不聚精会神，笑逐颜开，喜盈盈地拍着巴掌。也许此时，老人们从缤纷的旗袍上，撩开了心中尘封已久的色彩。

接下来，“鲜花”融入“白雪”中，旗袍美女与孤寡老人们牵手相拥，轻声交谈。会长将会员们筹集的善款送到公寓负责人手上。钱虽不多，但那一份浓浓的爱心，就像电光闪烁，立时将那一袭袭旗袍映照得格外绚丽！

会长刘芳告诉我，衡阳市旗袍文化协会于去年（2015 年）7 月成立，目前已有会员 300 多人，还拥有 3000 多名“粉丝”。不到一年时间里，协会已经集中举办了 4 次慈善公益活动，为白血病患者筹款，向爱心学校捐钱，看望孤寡老人，慰问绝症儿童，等等。协会的核心理念是：“旗袍修身，善美修心。”尚美，必须和向善连接在一起。

没错！我忽然悟出，中国旗袍以其优雅、华贵、婀娜、清丽的内涵，与国际上那些形形色色的张扬个性、追求奔放、展现狂野的时装相比，更容易激发女性对贤淑、温柔、善良、慈爱等内在气质的追求与修炼。而旗袍的流行，正是慈善传承的绝好载体。

活动结束，会员们集体合影，也拉上了我。因为帮助了别人，大家都特别开心。美女们兴奋地喊着协会的口号：“有旗袍，更美丽！”而且还加上一句：“有会长，更开心！”我一时兴起，提议将这两句口号略作修改，获得一致同意。于是，我们齐声高喊：

有旗袍，更自豪！

有慈善，更时尚！

学会用智慧帮助别人

新　功

这世界上，总是有人需要帮助。而帮助别人，一般是根据需要援手，或出钱，或出物，或出力，尽己所能。而有时候，自己的能力有限，帮不到怎么办？那么，学会用智慧去帮助，则可以达到一个新的境界。

东晋兴宁年中，江宁有瓦观寺翻修，因为布施的太少，工程无法做下去，有人找到了顾恺之。顾恺之博学多才，世人称为“三绝”：画绝、文绝、痴绝。与曹不兴、陆探微、张僧繇合称为“六朝四大家”。其作画，意在传神，其“迁想妙得”“以形写神”等论点，为中国传统绘画的发展奠定了基础。找他，当然是冲着他的名气而去的。但是，当时他手头也不宽裕，人们以为他会只是象征性捐点。意想不到的是他竟然一开口就说捐100万钱，这是个天文数字。众人惊诧。可是，他并未掏出真金白银，而是吩咐寺里准备一面墙。然后，他住进了寺里。整整用了一个月，他在这面墙上画维摩诘的画像，画像画成后，只留下眼睛未画，然后，放话出去，点睛那一天，第一天观画的人布施10万钱，第二天则布施5万钱，第三天同样如此。第一天点睛，光照一寺。观画的人如潮水般涌来，为的是一睹真容。仅只一天，布施的钱就超过100万钱，赚了个盆满钵满，落得个皆大欢喜。

这就是智慧的力量。

用智慧帮助别人，可以集合资源，提高水平。顾恺之就是有钱，也可能一下子拿不出这么多钱，以一己之力无法办到，但是可以调动别人的资源啊！利用人们对他的崇拜，想看点睛之作的心理，呼啦一下，人来了，钱来了，100 万钱就这样不经意到手了，彻底为修寺之难解困。

用智慧帮助别人，可以扩大影响，传播善念于无形。人们来观看顾恺之的画，就知道了顾恺之的善举善会。名义上是顾恺之捐款，实际上是众人之功。观画出钱捐款，在这样的互动中涌动着爱心，释放着善意，无形中弘扬着慈善公益，一个人就是出再多钱也远远达不到这个效果。

用智慧帮助别人，开启了慈善的新创举，拓展了慈善公益的新路子。那就是，没有钱可以吸引钱，小钱可以为大钱。一个人的支援可以成为更多人的支援。钱不是问题，人不是问题，就看怎么做。

有人或许会以为顾恺之这钱来得容易，其实不然，他的名声在外，出场费肯定不低，何况他住寺潜心作画一个月，那付出是扎扎实实的。这钱，是他用智慧赚来的，同时，也没少花力气。

看来，这慈善公益事业，只有想不到，没有做不到。

顾恺之想到了，也做到了。

与衡阳市慈善总会的一桩往事

张　弢

2012年，衡阳市慈善总会换届，新功先生恳切邀我加入，兼任副会长。可此时，“郭美美事件”正在发酵，而我对慈善总会也有深深的成见，于是婉言谢绝了。

我的成见，来源于一桩往事：

2003年，市慈善总会刚创立，正碰上衡阳“11·3”大火，事故当天上午，我们香江百货就紧急调运了两大卡车食品赶赴现场慰问救援人员，第二天公司在莲湖广场举办大型赈灾晚会，集团董事长王庆玉女士带头认捐30万元，加上全体员工和现场市民踊跃捐款，共筹集善款67万余元。我随即与市慈善总会联系，与之签订了定向捐赠协议书，将善款分别指定捐给相关人员。可事后发现，其中指定捐向的30万元没有到位，据说是领导打了招呼，此款另作安排。几经交涉，依然无果，由此而对慈善总会这种违背捐赠者意愿的行为深深反感。再之后这些年，公司为汶川、玉树、舟曲灾区捐款，我们都是将善款转到中国红十字会或直接汇往灾区，不愿再与市慈善总会接触。

然而，不久，郭美美事发，中国红十字会被质疑。一些灾区官员贪污挪用救灾物资的丑行也相继被曝光。我又一次茫然了。

新功先生是我素来敬重的领导和兄长，他接任市慈善总会会长，深感基础薄弱、压力山大。我理当助一把力。2012年秋，经请示王庆玉董事长，我们决定向市慈善总会捐款50万元，资助100名当年考上大学的贫困学子。但是设了一个条件，必须将受助学生的姓名与联系方式转给公司。一个月后，我安排秘书一一回访，100名学子全部收到捐款，一分不少。于是，第二年我们继续认捐，继续回访。到现在，这个名叫“放飞梦想·香江给力”的助学专题项目，我们已经连续坚持了5年，受助大学生超过500人。

2014年，经过一段时间的观察和对比，我正式参与市慈善总会，成为一名编外工作人员。三年来，在会长领导下，我与总会的同仁们一道，确立了“诚信慈善”的理念，选取了“阳光慈善”的路径。我们与《衡阳晚报》开设了《慈善周刊》，已出刊80多期；组织了三次全市性慈善马拉松比赛；编制和发布了年度慈善排行榜；举办了首届高规格的慈善晚会；“慈善一日捐”连年取得突破；今年又推出了多个与精准扶贫相结合的慈善救助项目。衡阳市的慈善氛围正在日益浓厚，慈善总会的影响力逐渐增强。今年上半年，就相继与五家企业、商协会联合开展了慈善公益活动。募捐与救助的力度也在同步提升。

就在上周，专业会计机构对慈善总会上年度收支的审计报告出炉，办公室主任请示会长是否公示。新功先生不假思索地表态：马上贴到网上，刊登在周刊，接受社会监督。真是底气十足！

啰唆了半天，其实我只是想告诉朋友们一句话：现今的衡阳慈善总会，是一个值得信赖的行善平台。

关于仁慈，人要向树学习

安　青

一看这个标题，很多人会说：这也太牵强了吧！

其实，一点也不牵强。虽说人与植物分属不同的生命形态，但若以有机物与无机物来划分，人与植物都同属有机物的生命形态。当然，在目前的已知条件下，我们都深信植物没有人类所具有的感知与情感，但我一直固执地认为，植物不仅有生命，也一定有感知有情感，只不过人类的科学研究还未能达到发现植物感知与情感的水平。

植物有没有感知与情感，这里姑且不论。但植物尤其是树有着崇高的品性，则是世所公认的。关于这一点，我们的先辈留下的诗文可以说是数不胜数。什么岁寒三友松竹梅啊，什么梅兰竹菊四君子啊，其中，给我印象最深刻的是毛泽东的《卜算子·咏梅》以及陶铸的《松树的品格》。

由此，我便想到：关于仁慈，人应该向树学习。

与人相比，树是卑微的。它没有也不需要华丽的居所。无论是悬崖峭壁，还是沟边泽畔，它都能随地生长，随时荣枯。

与人相比，树是无私的。它从不额外索取什么，只要有土壤、阳光和水，它便能蓬勃生长。无论任何地方，即使是贫瘠荒寒之地，只要有树生长在那里，那个地方便有了不俗的品格。

与人相比，树对于这个世界贡献最大。它不但满足人类遮风避雨、衣食住行的需要，同时最大限度地满足着人类的情感寄托和精神审美的需求。这个世界可以没有人，但绝对不能没有树。没有人，树会生长得更蓬勃更葱茏。没有树，人一天也生存不下去。

与人相比，树有着人类无法比拟的公平与正义。它所矗立的地方，无论是达官巨富，还是贩夫走卒，抑或是穷困潦倒者，都能充分享受到它所张开的浓荫和荡起的清凉。

严格地说，人对树是有罪的。这个世界还没有人的时候，树是无限自由、无限快乐地生长着的。这个世界自从有了人，便给树带来了无穷无尽的灾难。数千年来的乱砍滥伐，使得树的数量与品种骤减，从而造成了地球上的环境日益恶化。但树对人从不因此而有怨恨之心，依旧以自己的浓荫庇护着人类，并以自身的品格感染、启迪着人类。

一句话，树是仁慈的。甚至可以说，树就是仁慈的化身。并且，这种仁慈是以一种不事张扬、亘古不变的方式流布人间。

与树相比，人是一种更高级的生命形态。但就仁慈而言，人远不如树。

人类发展到今天，正面临愈来愈多的生存难题。何以如此？原因很多。其中最重要的原因是，人缺乏树的仁慈。

人类如果要赢得永久的和平与繁盛，就必须虚心地学习，而最重要的学习是向自然界学习。这其中，必须要向树学习，尤其要学习树的仁慈。

否则，后果将不堪设想。

做人要重“成色”，轻“斤两”

新　功

衡量一个人成不成功，很大程度上是看财富、权力、地位。“天下熙熙，皆为利来；天下攘攘，皆为利往”，像飞蛾扑火，奋不顾身。因为财大可以气粗，官大可以显摆，这都是长脸的事。

不过，这是补充位高位低之区别的标准。有些物件论斤两，有些物件看成色，不可比较。比如，十克白银顶不上一克黄金。其实做人也是这样，虽论“斤两”，但更要重“成色”。外在的表象是“斤两”，有官大官小、钱多钱少、位高位低之区别，而内在的人格是“成色”，人格的魅力远比那些身外之物重要。

然而，琳琅满目的外部世界往往容易迷乱人们的双眼，繁华的景，焦躁的心，有着太多的放不下，总是想把自己打造成“巨无霸”，重“斤两”，而轻“成色”，要拥有更高的地位，享有更多的财富，握有更大的权力，做“人上人”。

这样做无非是证明自己有多大出息，有多大能耐，想要让人眼红，让人尊敬，与众不同。

有时候的确也是这样，做了官的权重一方，威风威武，追随者众，喝酒有人敬，说话有人信，发了财可以极尽奢华，一掷千金，获得不一样的享受。重要的是这个效果——从别人羡慕的眼神里得到满足的虚荣。

芸芸众生，当官不容易，发财也不容易。

总有人在背后戳脊梁骨，与地位无关，与财富无关，而是在做人上出了问题，或者说“成色”不够。

多少的贩夫走卒万古流芳，而多少名噪一时的人物，转眼灰飞烟灭。这都是由做人的“成色”决定的。有些人表面活得很强大，其实内心很虚弱。似乎什么都不信，还是信钱；似乎什么都不拜，还是拜物；似乎什么都不敬畏，还是敬畏权力。

做人的“成色”就是人格修养和精神品质。包括善良、孝心、忠诚、宽容、正直、诚实、坚强、勇敢、智慧、谦逊、感恩、同情心、正义感等。

重“成色”，轻“斤两”。这是为人处世的价值取向。如果选择重“斤两”，就会千方百计削尖脑袋经营人生，当官的一步一步往上爬，经商的满门心思赚钱，欲望就像一只被抽动的陀螺。那么就不择手段，不会收敛，孤注一掷，不计后果。如果选择重“成色”，才可能淡定超然，注意“喂养”自己的灵魂，不会在乎一时得失，不会专注名利，精神始终是愉悦的。只是，“斤两”的诱惑太大，往往容易让人“身不由己”，而打磨出“成色”的难度不小，选择不易，坚持更难。

重“成色”，轻“斤两”，并不是把自己打造成一个不食人间烟火的圣人，而是尽心来做，尽力而为。比如，一个人至少应该善良。善良的行为会使人的灵魂变得高尚，这是卢梭说的。心地善良，世界就会变得明亮起来，就会发现帮助别人是一种乐趣，主动奉献爱心。如果有一天善良的人多了起来，就不会有冷漠，有猜忌，有抱怨，有戒备，少了许多纠纷，避免无谓争斗，至少，不会拒绝慈善。

重“成色”，轻“斤两”，应当是自然的流露，而不是刻意的雕饰。富有正义感的生活，更多的是体现在精神层面。当一个人的人格修养到了一定境界的时候，如同稻子成熟而低头一样正常，见于举手投足之间，无须自己证明什么，一个人如果越在乎什么，就说明越缺什么。比如，有些人也捐款捐物，证明自己有爱心，却不能洗白其过失或者罪行。因为这些钱来历不明。

也许，你没有显赫的地位，没有傲人的财富，没有耀眼的事业，没有足够的“斤两”，但是至少可以做足“成色”，敢于在这个浮躁喧哗的世界倾听内心的呼唤，做真正的自己，活出自我。

从一则故事看善良的美好和力量

安　青

必须声明，这则故事是我从网上抄来的。

我之所以抄下这则故事，是因为这则故事朴实、生动、感人。

从这则故事，我看到了善良的美好、善良的力量。

故事的主人公，是一个24岁的美丽姑娘莉兹，目前在美国新泽西州一家餐厅做服务生。

事情要从一场火灾说起，这场肆虐了12个小时才被控制的火灾，让参与此次灭火的消防队员筋疲力尽。

那天清晨，从火灾现场完成任务的普尔和泰姆拖着疲惫的身躯走进莉兹所在的餐厅，对她说道：姑娘，请给我们两杯最大份的咖啡。

这个细心的姑娘在准备咖啡的过程中，从两个消防员的谈话中得知他们刚结束彻夜的救火工作。随后，她悄悄为两人的咖啡买了单，并随咖啡送上一张纸条。

“今天你们的早餐由我来买单。感谢你们为他人付出的一切。不管你们的职务是什么，你们勇敢坚强，你们是至高无上的榜样。请注意休息……”

纸条上的字，恰如热咖啡温暖了两名消防员，在火海中不曾退缩的两个大男人忍不住酸了鼻子。

“去这家餐厅吧，见到这位小姑娘，多给她小费。”——挥手作别后，回到家的消防员将这次经历发表在社交平台上，向朋友推荐这家餐厅，作为对莉兹的报答。要知道，消防员在美国是最受尊敬的职业之一，这一消息很快不胫而走，被大量转发。

就在大家对莉兹的赞美中，消防员泰姆无意间发现了莉兹更多的故事——从 2010 年起，莉兹的父亲斯德维因为脑动脉瘤卧病在床，急需一辆可供轮椅上下的汽车，除了自己辛勤打工之外，莉兹还为父亲在一家募捐网站上筹集善款。

泰姆随即将莉兹的募捐网页链接发到自己的社交媒体上。众人拾柴火焰高，截至 8 月 4 日下午，募捐金额已近 70000 美元，约合四十五万元人民币。

面对飙升的善款数额，莉兹和老爸都不明所以，还有些惴惴不安：到底发生了什么事情？

直到那两个得到免费早餐的消防员来到家中，莉兹才知道了事情的来龙去脉。姑娘那两杯咖啡不仅温暖了两名消防员，更是温暖了无数网友，善良的人们通过互联网，汇集爱心，回馈给了善良的姑娘。

盘点《慈善三人谈》

张　弢

掐指一算，我的这篇文章，正是《慈善三人谈》专栏2015年的收官之作。专栏开设整整一年了，以我长年在商业企业工作形成的习性，理当有一次盘点。

记得是去年底，《慈善周刊》创刊前，安青提议，开设一个言论专栏，由新功兄、安青和我三人轮流值稿。我们三人相识数十年，原本就臭味相投，又都已退休退位，自然一拍即合。不经意间，三人“锵锵”地侃过一年，办了57期。

经过盘点，新功兄19篇，安青19篇，我也19篇，平分秋色。若论效率，新功最为勤勉，期期提前完稿，我和安青稍有点拖拉；若论质量功底，我则甘拜下风，都不好意思与两位为伍了。

然而，也有酸甜苦辣在其中，生活由此而多了几分情趣。

先说酸：记得我的第二篇专栏稿就差点给“毙”了。只因那篇文章的标题涉及热词，不好“闲话”。无奈，只好改动了题目，心里不免酸酸的。

次说甜：三人谈，必有我师。新功、安青都是文章高手，信手拈来，妙语珠玑，唱和之间，受益匪浅。读来如饮农夫山泉，有点甜。

再说苦：才写了不到几篇，就听到有人议论，说我们三人不甘退隐，无非是想借开专栏来吸引眼球，找点存在感。写了一篇《千万别把毛驴扛着走》作回应，品味之下，几分苦涩。

还说辣：开栏不久，安青与我抬杠，我将安青调侃；新功劝我中庸，我向新功叫板。安青也不示弱；新功绵里藏针。一来二去，平添乐趣。文章本是性情中事，都是湖湘人，没点辣味，如何下酒？

《慈善周刊》的出炉，用意就是引起人们关注，推进衡阳市略显冷清的慈善事业。一年来，我们三人侃来侃去，倒也侃出了一点点氛围。我将文章贴在微信圈，阅读、转发量逐月增多。碰上熟悉的或陌生的朋友，常听到提起我们三人的文章以及争论。好几位本土的企业家相继找上门来，要我为他们疏通捐赠渠道，其中一位一次就向山村小学捐献了价值20余万元的学习用品。相信新功兄、安青君也会有同感。倡导慈善，原本就是一项润物无声的慢工细活。不可指望几篇文章便能立竿见影。三人侃，虽说“锵锵”，实则“喃喃”。但凡对社会有一丝丝影响，我们也一样欣喜。

还有一项收益，也得盘出：我们三人，都已赋闲，且衣食无忧，对于养生，自然看重。体育锻炼之余，也得调养心性。找一个话题，动动脑筋，写写东西，你来我往，相互唱和，淡泊名利，宁静心灵，岂不是一种极佳的养生之道？何况我们谈的是慈善，劝善扬善，与人为善，积善为德，养德为寿，能不开心有加？你看新功兄，年逾花甲了，带头参加慈善马拉松挑战赛，居然能够跑完全程！这样的精气神，难道不是一种善报？

盘点完毕，自己给自己，点个赞。

侃侃慈善“五要素”

张　弢

在盘点《慈善三人谈》专栏的同时，我也对自己写的文章做了一番梳理，居然捋出了一个“五要素”。

自《慈善三人谈》开栏以来，每三周得写一篇稿。轮到我交稿时，大多是仓促开题，匆忙拼凑，信马由缰，随感而发，总之是以交差凑数了事。自然不会去琢磨篇与篇之间的联系和承接，也不太在意与新功、安青之间的配合与呼应 。一年下来，虽说也写了近 20 篇，但这些文章零散杂乱、不成体系，没有层次，更无深度。然而敝帚自珍，闲着的时候，将它们列出来，竟然也发现了一种内在联系：在扬善的主题下，基本上都是扣住善心、善行、善缘、善果、善报这五个方面在行文走笔。而这五个方面，可以归结为慈善“五要素”。

善心，应当是慈善的源泉与灵魂。以前，我也一直相信，有善心，才会有善行。有善行，就会有善果，而且自然得善报。然而，现实生活却往往事与愿违。比如前几天的一则新闻：骗捐女孩在广西开庭受审。去年“8・12”天津爆炸事件中，这位女孩在微博上谎称父亲遇难。短短半天，就有 3700 多名网友给她打赏 10 万元以上。你看，众多爱心人士的善行，并没有善果，反而结出了恶果。那位女孩因诈骗罪面临惩处，也算是“NO ZUO NO DIE”。这个骗局幸亏被及时揭穿，否则又得像“郭美美”事件一样，让千万人的善心变成伤心和寒心。

还有，佛山“小悦悦事件”的阴影，这几年在我心头也一直挥之不去。难道那18位视而不见的路人，都是良知泯灭，全无善心？显然不是。恻隐之心，人皆有之啊！我就反复拷问过自己，假如我在现场，会不会毫不犹豫地施以援手？最佳答案却是，假如是第一个看见女孩被车辗压，我定会不假思索地上前施救；可如果是第19位路人，眼见着前面的人一个个漠然走过，我恐怕也会不知所措了。因为在内心深处，我也怕碰到讹诈、惹上麻烦，怕好心没好报呀。

自问于心，推己及人，总算明白了，善心、善行、善果、善报之间，还有一个不可或缺的要素：善缘。缘，指的是关系。善缘，就是一种互信互助互利的人际关系，也就是行善的外部道德条件。如果我们的善心经常遭愚弄，如果我们的善行不时被利用，久而久之，我们就只好把自己变成一个冷漠、麻木的看客。自责与抱怨，也无法救赎自己的良心。而且我认为，善缘的缺失，已经成为当今慈善事业最大的灾害。

新的一年又开始了，“慈善三人谈”还在继续，文章还得接着写，只是我总觉得，坐而论道已无济于事，善缘是要靠修行的。我们也只能从自己做起，用良知，用诚信，一点一滴地编织身边的善缘。

跋

《慈善三人谈》书稿初成，作者诸公一致嘱我写几句话，我感到诚惶诚恐，又却之不恭。说诚惶诚恐，是以我的资历、学识和能力，完全没有资格在他们面前说三道四；说却之不恭，是作为衡阳市慈善总会的一员，熟知这些文章创作、编辑、发表的经过，以及文字背后更为感人的故事，如若推托不写，实在对不住他们，也对不住自己从事的工作。

三位作者均与我过从甚久，相知颇深。新功先生是我的老领导，我对他不仅以上级视之，更深怀对待恩师和兄长般的感情。他少年即有文学天赋，以文笔之长而进入机关。走上领导岗位后，仍以文字表达思想，利用工余的边角时间，笔耕不辍。积数十年之功，著文近千篇，出版著作九本，洋洋两百余万言。张弢先生二十多年前即官至正处级，后来弃官从商，多年来担任湖南王一集团总经理，他掌门的香江百货，衡阳市民家家不可或缺，其经验在全国推广。他管理企业以文化见长，虽为企业家，骨子里仍有文人气。安青先生曾任《衡阳日报》《衡阳晚报》总编辑多年，他的言论专栏《茶楼闲谈》一度风靡雁城。鲜为人知的是，他最早以新诗出道于文艺界，在20世纪七八十年代即是湖南诗歌界的知名人物，中国诗坛的后起之秀。

新功先生任衡阳市政府副市长期间，分管农业和民政工作，兼任市慈善总会会长。他从领导岗位退下来以后，以在位的心态，专情于慈善，投入了几乎全部的精力。与一般领导干部退休后在社团组织挂个名不同，他是坐镇慈善总会，从总体策划到分步实施，从安排部署到贯彻落实，从大事要情到细枝末节，无不亲力亲为。不但公事公办，而且公事“私”办，把在位时积累的个人威望和人脉资源拿出来，用于推动慈善事业。

一段时间以来，慈善氛围有点冷。全国如此，衡阳也不例外。怎样升温呢？舆论造势很重要。2014年10月，衡阳市慈善总会和《衡阳晚报》联合主办《慈善周刊》，作为宣传政策、弘扬理念、推介典型、促进工作、扶贫济困的平台和阵地。

众所周知，在近代新闻史上，报刊言论占有特殊重要的地位，对社会进步发挥了强有力的推动作用。可以说，言论的水平代表着报纸的档次。作为《慈善周刊》的倡办人，新功先生想到了这一点。在此之前，张弢先生已加盟慈善总会，任驻会副会长。此次办刊，安青先生当然是助力的理想人选。三个相交数十年、心气相投的好朋友，因慈善而再度聚首。

受香港凤凰卫视名牌谈话节目《锵锵三人行》的启发，他们将专栏取名为“慈善三人谈”，即时鸣锣开场！

《慈善三人谈》栏目从2014年10月30日发出第一篇稿件，到2016年11月24日暂告一段落，历时两年余，共发文九十八篇。内容以慈善为内核，广为发散，涉及社会现象、文化生活、世相百态等各个方面。既有思想性，又有艺术性；既严肃庄重，又诙谐雅致；既深刻独到，又浅显易读。成书时按内容分为“明善心”“赞善行”“辨善缘”“修善果”“扬善报”五个部分。

有对慈善理念的辨识。对于慈善这个概念，他们从多角度、多层次进行追根溯源。如对真善美三者的关系，人性的本源是善还是恶等基本理念，都进行了充分的探讨。他们说：慈善是“从心灵自然散发的芬芳”“是人类的自我救助”“源于对生命的热爱和悲悯”。为了劝人弃恶从善，新功先生在《自作孽，不可活》中，论述了自私和为恶的坏处。在《好人有好报》里，安青结合现代科技的发现，找到好人有好报的科学依据。真理越辩越明，为了达到这一目的，他们分别充当“红方”“蓝方”、“正方”“反方”的角色，就同一问题进行反复辩论。如就东郭先生那样的善心应不应该被嘲笑的问题，张弢和安青两人“捉对厮杀”，连发五篇文章。

一时“刀光剑影”，难解难分，最后达成对善行和为善方式的肯定。对于不当和虚假的乞讨行为，要不要给予救助，张弢和新功先后发表《有一种“善”不可行》和《有些花开不曾看见》等文进行讨论。

有对行善方式的探讨。他们不是专业理论人士，而是实际工作者，亲身体验了慈善工作的酸甜苦辣，深知当前慈善事业发展的大势所趋、优势所存、痼疾所在、出路所向，所以行文不讲空话，放言必有针对性，论述很有说服力，所举措施极有可操作性。新功先生在《慈善，“冷水泡茶慢慢浓”》里指出，在慈善的启蒙时期，要以不急、不逼、不催的方式，用自己的真诚和毅力，去打开那一扇扇冷漠之门。他在《今天，你行善了吗?》中指出，“行善，并不是那么高不可攀”，公交车上让个座，给饥饿的人掰一片面包，给别人一个理解的微笑，都是行善，“日行一善”完全可以走进我们的生活。张弢先生以过来人的身份，介绍王一集团积极参与公益慈善，不断发展壮大的历程，指出“参与慈善，企业更兴旺”，令人信服。安青先生在《慈善何以成时尚》中认为：“知之者不如好之者，好之者不好乐之者”，只要引导得法，“人们在行善过程中就一定能充分享受到应有的满足和快乐，那么，慈善也一定能成为我们整个社会最流行的一种时尚”。这样的观点很接地气，告诉每一个普通人应该怎样参与慈善。

有对敏感问题的论述。公信力是慈善的生命，也是三位作者关注的重点。在《慈善不是“自娱自乐”》一文中，新功先生对陈光标用温水做“冰桶挑战”，事发之后以“开个玩笑而已”轻飘飘带过的做法进行批评，指出做慈善应有敬畏之感、虔诚之心、自重之意，“把慈善当娱乐，有时比不做慈善更可怕，那是道德良知的塌方”。对于不法之徒用网络直播的方式，演绎假慈善的场景，张弢先生在《一粒老鼠屎》中，由青岛“天价虾事件”、“郭美美事件”以及一些慈善机构的丑闻，引申出公众信心的重要性，慈善公益组织要做的是尽心尽力熬好自己的“一锅汤”，让慈善行为香溢四方。他还指出“慈善作假，不是过错，而是罪恶”，并愤而开骂“始作假者，其无后乎！”

有对爱心典型的传扬。从拾荒老人韦思浩，至慈善大家马云、余彭年（彭立珊）、比尔·盖茨、巴菲特等，三位作者众口一词，极尽赞美之能事。对这些典型人物的介绍，让我们既对“慈善英雄”产生景仰之情，接受正能量的感染，也因草根爱心人士平凡中的非凡受到触动，觉得他们可爱、可学。对于一些企业以种种理由逃避慈善，新功先生大声疾呼：“你有拒绝的权利，却不应漠视应承担的责任！”

许多人认为，文章好，是作者才学好、写作技巧好。读完本书，我却有不同的看法。真正的好文章不是“写”出来的，而是作者内心的外化，是视野、阅历、情感、思想、境界的综合体现。这本书，可作慈善文化的启蒙手册，可作慈善工作的操作指南，还可作茶余饭后的“心灵鸡汤”。不知读者诸君以为然否？

谭民政

2017年初夏于雁城